KB203126

자살
하려는
마음

일러두기

본문에 각주로 넣은 설명은 독자의 이해를 돕고자 옮긴이가 덧붙인 것입니다.

이 도서의 국립중앙도서관 출판예정도서목록(CIP)은 서지정보유통지원시스템 홈페이지
(http://seoji.nl.go.kr)와 국가자료종합목록 구축시스템(http://kolis-net.nl.go.kr)에서
이용하실 수 있습니다.
CIP제어번호: CIP2019049793(양장), CIP2019049791(무선)

자살
하려는
마음

에드윈 슈나이드먼
지음

서청희
안병은
옮김

한울
아카데미

옮긴이의 말

자살예방센터에 입사한 뒤 약 10년간 자살에 대해, 그리고 자살하려는 사람들에 대해 많은 의문과 고민의 시간을 보냈던 기억이 떠오릅니다. 개인의 역량도, 제도적인 대안도 미흡했던 당시의 답답함과 자괴감의 해결을 위해 찾아봤던 여러 자료들, 그중에 이 책은 자살 예방과 자살학의 대가인 에드윈 슈나이드먼이 자살자의 심리를 유서와 사례 분석을 통해 규명하며 그들의 마음을 이해하려는 학자로서의 노력을 고스란히 담고 있어, 제게는 보물지도 같은 책이었습니다. 두껍지 않은 책이라 금방 읽고 이해할 것이라고 생각했던 것과는 달리, 번역도 그리고 책에 등장하는 인물들에 대한 이해도 쉽지 않았습니다. 2013년부터 읽고, 생각하고, 문장으로 다듬으며 한 번씩 꺼내보는 일기장처럼 반복해 글을 수정하고 내용을 이해하는 과정이 드디어 책 한 권으로 묶였습니다. 스스로 삶을 포기하려는 사람의 마음을 이해하고 받아들이기란 그렇게 어려웠던 것 같습니다. 그리고 여전히 저는 '꼭 자살을 해야만 할까', '다른 방법은 정말 없다고 믿는 것일까', '삶에 대한 애착이 죽음에 대한 갈망보다 커질 수는 없나' 같은 질문을 마음속으로 되뇔 때가 있습니다. 아직도 이해하지 못하는 것인지, 떠나버린 사람에 대한 그리움인지 잘 모르겠습니다.

2014년 4월, 우리 사회가 겪었던 커다란 슬픔의 경험을 잊지 못합니다. 그리고 그때 세월호 아이들과 함께 떠나간 그 아이는 여전히 제 마음에 남아 있습니다. 무엇이 그리도 그 아이를 서둘러 이 세상에서 떠나게 만들었는지, 몇 년을 만나면서도 그 아이의 마음을 돌리지 못한 이유는 무엇이었는지, 이렇게 계속 일하는 것이 효과가 있는 것인지에 대한 자문이 반복되며 무력감을 느낄 때, 이 책이 주었던 깨달음과 공감으로 제 자신의 심리적 고통을 감소시킬 수 있었습니다. 그것은 한편으로 지은이가 다양하고 방대한 양의 유서 속에 포함되어 있는 복잡하고 개인적인 이야기를 여러 학자들과 함께 이론적으로 설명해 줌으로써 지적 허기를 채워주었기 때문이었고, 다른 한편으로는 사례로 등장하는 에릴과 베아트리체, 카스트로가 들려주는 이야기를 통해, 당사자가 자살로 가기까지의 행로를 곁에 함께 있는 것처럼 아파하고 공감할 수 있었기 때문이었습니다. 그때 그렇게 떠나보낸 그 아이에게 미안

했던 마음이 조금은 치유되는 느낌을 받았습니다. 많은 사람들이 각자의 기준과 경험으로 자신의 고통과 타인의 고통을 가늠하지 못한 채, 외로움과 고통으로 인해 분리되어 살아가는 것 같습니다. 그러나 자살을 막기 위해서 우리는 자살하려는 그들의 마음을 전적으로 이해하지 못할지라도 인정하고 안아주어야 합니다.

이 책에 등장하는 에릴과 베아트리체, 카스트로는 누군가와의 친밀함과 연결, 사랑을 원했습니다. 그 대상이 부모나 친구, 연인, 그리고 누구보다 자기 자신이었음을 우리는 어렵지 않게 알아낼 수 있습니다. 그러나 그러한 욕구와 관련된 좌절된 경험은 죽음과 복수, 자기비난의 반복된 집착을 통해 자살만이 문제 해결 방법이라고 믿게 만듭니다. 그렇게 멀리 벗어나려고만 하는 그들의 흐름을 방해하고 우리 가까이에서 다른 대안을 찾도록 하는 것이 자살 예방일 것입니다. 이 책에서 지은이는 자살이 심리적 고통에서 시작되며, 그 고통은 개인의 좌절된 특정 욕구에서 비롯되고, 이로 인한 고통을 피하려는 충동이 자살하려는 마음으로 반응하는데, 자살의 편향성은 불행한 아동기에 형성된다고 결론짓고 있습니다. 또한 그는 자살하려는 생각이 들 때는 절대로 자살하지 말고 소란스러운 내면을 어두운 밤 내내 들여다보며 내버려 두라고 제안합니다. 그리고 자신의 삶에 대한 의지를 믿고, 상황에 대한 지각과 견딜 수 없는 것이 무엇인지 재정의해 자살적 사고에서 전환할 수 있는 인지 변화와 내면의 힘을 키울 방법을 찾으라고 권합니다. 그것은 인생에 도움을 줄 수 있는 상담자나 치료자를 만나거나, 좋은 책이나 음악을 접하거나, 삶에 의미를 더해주는 일을 발견하거나, 사랑하는 사람과 진실한 대화와 공감을 통해서 이루어질 수 있을 것입니다.

자살하려는 마음은 행복하게 살고 싶었던 마음이 반복된 좌절을 경험하며, 미래에 대한 불안과 우울을 혼자 견디기 힘들 때 더욱 강하게 찾아오는 것 같습니다. 긴 인생을 살다 보면 그러한 위기 상황을 맞닥뜨릴encounter 수 있겠지만, 어렸을 때부터 의미 있는 타인과의 상호작용을 통해 일상의 문제를 마주할face 수 있는 힘을 기르는 것, 그리고 인생의 무게가 느껴질 때 자신과 삶에 대한 믿음을 가지고 죽음에 직면하는confront 것이 우리가 삶을 지키기 위해 할 수 있는 최선이 아닐까 생각해 봅니다. 오랜 시간 동료들과 고민했던 내용을 이 책을 통해 여러분과 나눌 수 있게 되어 몹시 기쁘고 행복합니다. 번역 마무리 작업까지 함께해 준 백민정 수원시자살예방센터 상임팀장님께 감사의 마음을 전하며, 이 책을 읽으시는 여러분에게도 행복이 찾아오기를 진심으로 기도합니다.

2019년 12월
옮긴이를 대표하여
서청희

지은이의 말

　프랑스 사회학의 선구자 에밀 뒤르켕Emile Durkheim이 『자살론Le Suicide』을 저술한 지 100년이 흘렀다. 19세기는 지적으로, 사회적으로 변화했을 뿐 아니라 정치적으로도 변화를 보인 시기였다. 죽음과 죽어감에 대한 많은 기본적인 관습이 근본적으로 바뀌었고, 자살에 대한 우리의 이해도 달라졌다. 자살론은 두 학문을 중심으로 이루어지는데, 그 두 학문은 뒤르켕의 책이 파장을 일으키고 있을 때 새로이 출발했다. 20세기로의 전환을 앞둔 시기였다. 그 무렵 유럽에서는 지그문트 프로이트Sigmund Freud가 책을 출간하기 시작했고, 그 바로 몇 년 전 미국에서는 윌리엄 제임스William James가 기념비적인 책 『심리학의 원리Principles of Psychology』를 썼다. 심리학과 정신의학이라는 그 새로운 두 학문 중 심리학은 자살 예방과 같은 실제적 사안과 거리가 멀었지만, 정신의학은 자살을 치료 영역으로 만들려고 했다. 그러나 둘 다 자살의 본질을 놓쳐버렸다. 하나는 자살과 상관없는 실험을 하는 바람에, 다른 하나는 (오늘날 『정신장애 진단 및 통계 편람Diagnostic and Statistical Manual』에서 볼 수 있듯이) '크레펠린 유형론Kraepelin's typology'* 때문이었다. 그래서 심리학과 정신의학 모두 자살에 관한 한 별로 성공적인 업적을 이루지 못했다.

단도직입적으로 말하자면, 이 책은 자살이라는 주제를 되살리려는 노력이다. 그리고 자살의 현상을 자살자의 마음을 따라가며 관찰하는 새로운 방식을 적용해 살펴보려고 한다. 이 책의 중심 교훈은 자살을 이해하는 핵심이 평범한 언어에 있다는 것이다. 자살론에 적절한 언어는 일상언어lingua franca 다. 궁지에 몰려 자살하려는 사람들의 구술을 기록한 것에서는 일상적으로 쓰이는 단어들만 발견되기 때문이다.

자살하려는 사람들이 쓰는 말, 즉 그들의 심리적 고통과 좌절된 심리적 욕구를 표현하는 단어들은 바로 자살의 본질적인 어휘를 이룬다. 그래서 자살 예방은 모든 사람의 일이기도 하다.

이 책의 임상적 핵심은 사례 기록에 있다. 여기서 소개할

---

* 에밀 크레펠린Emil Kraepelin은 19세기 말과 20세기 초에 걸쳐 활동한 독일의 정신의학자로, 현대 정신의학의 선구자로 널리 알려져 있으며, 정신질환의 분류체계를 개발했다.

세 가지 치명적 자살 시도 사례는 왜 사람이 자기를 스스로 죽이는지를 보여준다. 분신한 여인 에릴, 죽으려고 자기 몸에 칼을 댄 사춘기 소녀 베아트리체, 머리를 쏘려고 했지만 얼굴이 날아간 청년 카스트로가 그들이다. 잊지 못할 이 사례들이 그들 자신의 말로 표현됨으로써 독자는 자살하려는 마음이 어떻게 작동하는지 보게 될 것이고, 그 가장 위험한 순간에 관해 알게 될 것이다.

이 책은 어쩔 수 없이 고통에 관한 것이지만, 이 책을 읽는 것이 고통스러운 경험이 되지 않기를 바란다. 내게 이 책을 쓰는 일은 자극을 받으며 개인적인 통찰을 얻는 일이었다. 나의 모든 자녀에게 내가 조마조마한 마음을 지니듯이, 이 책에 대해서도 그랬다. 이 책에 대해 품은 나의 희미한 환상을 유형의 실체로 드러나도록 도와준 특별한 사람들의 이름을 다음의 '감사의 글'에 남겼다. 지난 45년간 내가 자살에 관해 쓴 모든 글의 주된 목적은 자살을 생각하는 사람과 그 주위 사람에게 도움을 주고 그들이 고통에서 벗어나게 하는 것이었다. 나는 이러한 염원이 망상이 아니라는 희망을 품고 산다.

1996년 2월
로스앤젤레스에서
에드윈 슈나이드먼

감사의 글

다음과 같이 발췌를 허락해 주신 분들께 깊이 감사드린다.

헨리 머레이Henry A. Murray의 글들을 광범위하게 인용하는 것을 허락해 준 낸터킷Nantucket의 캐롤라인 머레이Caroline F. Murray, 영재에 관한 터먼 연구Terman Study에서 요약할 수 있게 허락해 준 터먼 연구의 학문적 책임자인 스탠퍼드대학의 앨버트 해스토프Albert Hastorf 교수, 『고통 평가 핸드북The Handbook of Pain Assessment』(1992)에 있는 '맥길 고통지수 설문지McGill Pain Questionnaire'를 사용하도록 허락해 준 길퍼드 출판사Guilford Press, 1994년 4월 8일 자 《뉴스위크Newsweek》에 실린 윌리엄 스타이런William Styron의 "내면의 고통은 말로 할 수 없을 뿐이다An Interior Pain that Is All but Indescribable" 기사의 인용을 허락해 준 뉴스위크(재인용 시 별도 허가 필요), 토마스 만의 『부덴브로

크가의 사람들Buddenbrooks』의 문단 사용을 허락해 준 알프레드 A. 크노프Alfred A. Knopf 출판사, 1959년 11월 14일 자《뉴요커The New Yorker》에 실린 엘더 올슨Elder Olson의 "그 무기제조자에게 가는 여러 방향Directions to the Amorer"에서 발췌하는 것을 허락해 준 뉴요커에 감사드린다.

이제 그 밖에 내가 진 행복한 빚들을 갚게 되어 기쁘다. 감사함으로 그 빚을 갚기 원하는 사람들은 다음과 같다.

로스앤젤레스의 내 이웃들로 이 책을 읽을 모든 독자를 대신해 준 로즈Roz와 시 베센Si Bessen 부부, 모린Maureen과 모트 번스타인Mort Bernstein 부부에게 감사드린다. NIMH(국립정신건강연구소)와 UCLA에서 오랫동안 소중한 동료가 되어준 낸시 앨런Nancy H. Allen, MPH., 미네소타대학교의 특별한 벗 셜리 지머먼Shirley Zimmerman 박사, UCLA의 내 평생의 동료이자 친구이며 의학박사인 로버트 리트먼Robert E. Litman, 이성과 사랑으로 말해주는, 맥린 병원과 하버드대학교의 의학박사인 존 몰츠버거John T. Maltsberger, 사랑하는 친구이자 작고한 헨리 머레이의 부인인 캐롤라인 머레이Caroline (Nina) Murray 교육학박사, 이 책의 중심에 있는 세 사례와 관련해 나를 도와준 UCLA의 의학박사 로버트 패스노Robert O. Pasnau, 이 책을 쓰는 과제를 행정적으로 지원하고 공간과 유쾌한 분위기를 제공해 준 UCLA의 의학박사 파우지 파우지Fawzi I. Fawzi, 학생인 동시에 선생인 캐나다 온타리오 윈저의 앤턴 리나스Anton Linaars 박사,

내 평생 작업의 한 중요한 국면에서 몇 년간 북돋아 준 스탠퍼드대학교 '터먼 연구'의 앨버트 해스토프 박사와 엘리너 워커Eleanor Walker, 내게 타 문화에 대한 귀중한 통찰을 제공해 준 캘리포니아 노스리지의 마모루 아이가Mamoru Iga, 현대 일본의 정신의학에 대한 단서를 제공해 준 도쿄 정신의학연구소의 의학박사 요시모토 다카하시에게 감사드린다.

일주일에 한 번 함께하는 UCLA 석좌교수 점심모임은 이제 10년째가 되어간다. 그 아홉 명의 '뒤죽박죽 친구들', 벤저민 애런Benjamin Aaron 박사(법학), 어빙 번스타인Irving Bernstein 박사(정치학), 레스터 브레슬로Lester Breslow 의학박사(공중보건학), 앨머 호킨스Alma Hawkins(무용), 핼 호로위츠Hal Horowitz 박사(법학), 프레데릭 레들리히Frederick Redlich 의학박사(정신의학), 데이비드 색슨David Saxon 박사(물리학), 머레이 슈워츠Murray Schwartz 박사(법학), 헤리 바서만Herry Wasserman 박사(사회복지학)에게 감사드린다.

나의 비할 데 없이 뛰어난 대리인으로서 늘 이성적으로 말하고 신중히 조언해 주는 뉴욕시의 레지나 라이언Regina Ryan과 옥스퍼드대학교 출판부의 명민한 편집자 조앤 보서트Joan Bossert에게 감사드린다. 조앤은 아름다운 미술의 애호가이며 이 책을 쓰는 과제를 주도하면서 잠재적인 원고의 모든 측면을 일급 편집자가 어떻게 향상시켜 줄 수 있는지를 보여주었다. 뉴햄프셔 내륙 지방에서 매의 눈으로 책의 양장 표지를 조각하는 로즈메리 웰너Rosemary Wellner에게도 감사드린다.

반세기의 결혼 생활 동안 내 '영혼의 단짝'이 되어준 진 슈나이드먼Jeanne K. Shneidman에게 고마움을 전한다. 그녀는 모든 일을 도와주었고, 그녀의 손이 닿은 모든 것이 풍성해졌다.

차례

논쟁

나는 기억한다, 내면의 논쟁이
정말 치열했던 때를(사냥감을 쫓느라, 아니면
고통을 완전히 멈출 신호를 찾느라).
그 부름은 내 것이었다 ─
아니 그렇게 들렸다. 그 소리마다 또렷하게 유혹하는

쉼을 갈망하느라 궁지에 몰린 울부짖음,
한편으로는 그 편안한 고요함, 완전한 평화
─ 느긋하구나! ─ 마침내 멈춘
그 투쟁, 아무것도 아님이 최선임을 알게 되니.

그런데 체로 간신히 걸러진,
지쳤으나 움직이는 내 자아로부터 오는,
긴박한 부름
습관과 의무로 되돌아가라는, 주저하면서 다시
고통과 마음 아픔으로 떨어지라는,
─ 그리고 살라고 말하는 부름.

아, 영혼아! 그대는 그때 협곡 위에 서서

들었다, 양쪽으로 떨어져 있는 귀로,
에게해와 이오니아해의 파도소리를.
어느 쪽 바다로 익사하라고?
아니면 다시 한번 용감하게 머리를 쓸어 넘기라고?
그 치명적인 선택은 오롯이 내 것이었다.

1부

인생의 어두운 면

The Dark Side of Life

"아빠가 어떻게 죽었는지, 내가 그 일과 어떻게 얽혀 있는지 더 얘기해야겠네요. 분신한 후에 정신과 의사를 만났는데, 내가 사실은 아빠를 사랑했다는 것이 드러났어요. 나는 아빠를 미워했다고 생각했는데 말이에요. 아빠에게 아주 화가 났고, 하지만 아빠는 죽었고, 그리고 내가 아빠를 사랑했다고, 정말로 그렇게 생각한다는 것이 밝혀졌어요. 아빠가 아이의 사랑을 받아들일 줄 모른다는 것을 내가 받아들일 정도로 내가 충분히 성숙하지 못했었다는 거였어요. 아빠도 문제가 있었지만요. 아빠와 나는 아주 사이가 나빴고, 내가 이런 것을 이해하기 전에 끝나버린 거예요."

1장

왜 우리는 자기 자신을 죽이는가

자살은 문학과 문화에 출몰한다. 그것은 우리의 성공과 행복 아래 금기로 숨겨져 있는 이야기다. 대중에게 알려진 어떤 인물이 자살했다는 보도에 우리는 마음이 불편해진다.

행복과 성취라는 우리의 꿈 가운데 자기파괴라는 악몽이 도사리고 있다. 자신의 성품 안에 들어 있는 자기패배의 잠재적 요소가 신경 쓰이지 않을 사람이 있겠는가? 매일 맞는 새로운 날에 실패의 위협과 타인의 공격이 들어 있지만, 우리가 가장 건드리기 두려워하는 것은 자기파괴의 위협이다. 자신의 가장 비밀스러운 순간이나 마음에 숨겨진 구석을 건드리는 일을 제외하면 말이다. 하지만 자살은 날마다 일어나고, 많은 사람이 친척이나 친구가 자살한 것을 경험했음을 우리는 안다.

나는 아주 우연히 자살에 발을 들였다. 1949년, 내 나이 서른한 살 때였다. 어느 날 아침, 나는 로스앤젤레스 낡은 시청의 지하 2층 문서기록보관소에 있었다. 검시기록보관실에서 사망진단 서류철을 보고 있었던 것이다. 내가 임상심리사로 일하는 재향군인병원의 병원장이 두 젊은 미망인에게 보낼 편지를 준비하라고 부탁했기 때문이다. 그들의 남편이 그 병원에 입원한 동안에 자살했던 것이다. 그날 내 의도는 그 두 남성에 관한 서류철을 보고 조사한 내용을 작성한 다음에 다시 직장으로 돌아가는 것이었다.

첫 번째 서류철에 담긴 것은 내가 전에 본 적이 없던 것, 유서였다. 두 번째 서류철에는 그런 것이 없었다. 누구라도 거기서 멈출 수는 없었을 것이다. 나는 서류철을 수십 개 더 펼쳐보았다. 열어보는 서류철 중에 간간이 자살 관련 서류철이 있었고, 유서는 서류철 15개당 하나 정도씩 발견되었다. 나는 재빠르게 선반 하나의 서류철 숫자를 세었고, 그 방에 적어도 2000개의 유서가 있는 것으로 추정했다. 과학자에게는 꿈같은 일이었다. 연구 자료가 많다는 의미에서 말이다. 그다음 몇 주 내로 700개가 넘는 유서를 복사했지만 읽지 않고 한쪽에 미뤄두었다. 나중에 자살 생각이 없는 사람들에게 가짜 유서를 쓰게 하고 '무작위' 통제 비교 연구를 할 수 있도록 말이다. 그날 이후로 나는 자살이라는 주제에 대해 깊은 호기심을 품게 되었고, 자살할 수도 있겠다 싶은 사람에게 마음이

끌렸다.

도대체 자살이란 무엇인가? 어떻게 이해하고 막을 수 있을까? 이 책은 결정적인 견해를 하나 지니고 있다. 거두절미하고 내가 주장하려는 것은 이것이다. 거의 모든 사례에서 자살은 고통으로 인해 일어난다는 사실이다. 그 고통은 **심리적** 고통에 속하고, 그것을 나는 '**정신통**psychache'(sīk-āk로 발음)이라고 부를 것이다. 더구나 이 정신통은 움츠러들거나 왜곡된 심리적 욕구에서 기인한다. 달리 말하자면, 자살은 주로 마음에서 일어나는 드라마이고, 이 책은 그 자살하려는 마음에 관한 것이다.

자살의 근본 원인에 관한 나의 이런 진술은 반세기 동안 전세계에 걸쳐 자살하려는 사람들을 본 경험에서 나온 일종의 단언이다. 거의 모든 자살의 원인이 정신통이라고 내가 말할 때, 정확히 얼마나 많은 자살이 그렇다고 생각하는 것일까? 전부일까? 그렇지는 않다. 대부분일까? 확실히 그렇다. 예외는 있을까? 당연하다. 자살의 원인이 정신통이라는 인식이 하라키리腹切, 셋푸쿠切腹,* 수티suttee,** 또는 자살 테러리스트의 행동에도 동일하게 적용될 수 있다고 생각하지는 않는다. 내

---

* '하라키리' 또는 '셋푸쿠'는 일본 사무라이가 명예롭게 죽기 위해 스스로 할복해 자결하는 의례적 행위다.
** 인도에서 남편이 죽어 화장할 때 아내도 함께 화장하거나 자결하게 하던 옛 풍습이다.

가 속한 유대그리스도교 전통과는 다른 문화 속의 자살을 포함시키려는 생각은 전혀 없다. 중국이나 인도, 이슬람에서의 자살도 분명히 포함시키지 않는다. 그런 곳의 특정 역사적·문화적 압력은 사람들을 기꺼이 죽게 만들 정도로 강력하다. 이런 주제에는 아주 복잡한 문제가 담겨 있다. 어떤 사람은 우리가 '자살 임무'라고 부르는 것을 위해 자살을 감행하거나 테러라는 일탈 행동을 저지르는데, 그런 이들이 (전쟁 시기에) **우리** 편에서 그런 일을 한다면 훈장으로 명예와 보상을 받을 것이다. 실제로, 의회에서 수여하는 명예훈장은 용감한 행동을 한 이들에게 수여된다. 그런데 따져보면 그런 행동은 죽을 수도 있는 것이며, 실제로 죽기도 한다. 전시의 영웅적 행위나 아주 드문 희생적 자살은 제외하고, 이 책은 미국과 유럽의 독자층을 주요 대상으로 삼아 자살하려는 사람의 정신 상태를 직접적으로 다루고자 한다.

　자살로 인한 죽음은 각각 다면적 사건이라는 것, 즉 그 사건에는 생물학적, 생화학적, 문화적, 사회학적, 대인관계적, 정신 내적, 논리적, 철학적, 의식적, 무의식적 요인들이 항상 포함되어 있다는 것을 알고 있지만, 내가 견지하는 생각은 자살이라는 사건을 제대로 증류했을 때 추출되는 본질은 **심리적**이라는 것이다. 말하자면, 자살의 드라마는 각각 유일무이한 한 사람의 **마음**에서 생긴다. 수목의 이미지를 활용해 보자. 나무를, 저 나무를 보라. 그 나무가 사는 땅에는 화학적 성질이 있다. 자살하려는 사람을 나무에 비유하면, 그 나무는 사회문화적 풍토 안에 존재한다. 비유적으로 예를 들면, 한 개인의 생화학적 상태란 그 사람의 뿌리다. 자살하는 방법, 그 사건의 세세한 것들, 유서의 내용 등은, 나무에 비유하자면 갈래가 다르게 뻗은 가지들, 흠이 있는 열매, 위장한 나뭇잎이라고 할 수 있다. 그리고 그의 심리적 구성 요소는 바로 나무의 몸통에 해당한다. 즉, 자살하려는 사람에게 인지된 문제의 가장 좋은 해결책이 자살로 보여서 자살을 의식적으로 선택하는 것, 그것이 바로 나무의 몸통이 된다.

이러한 심리적 관점이 함축하는 의미는 아주 광범위하다. 그중 한 의미를 말해보자면, 자살을 이해하는 가장 좋은 통로는 뇌구조 연구나 사회적 통계 연구, 정신질환 연구가 아니라, 오히려 인간의 감정을 평범한 말로, 자살하려는 사람의 말로 직접 서술한 것을 연구하는 것이다. 자살할 가능성이 있는 사람에게 해야 할 가장 중요한 질문은 가족력에 관한 탐문이나 혈액검사 또는 척수검사가 아니라, "어디가 아픈가요?" 그리고 "어떻게 도와드릴 수 있을까요?"라고 묻는 것이다.

우리 모두는 알고 있다. 삶은 때로 기쁘고, 보통 일상적이며, 너무나 자주 힘들다는 것을. 이는 시저가 살던 로마시대뿐 아니라 오늘날에도 그렇다. 삶의 긍정적인 측면에는 기쁨과 행복, 만족과 안녕, 성공과 안락, 건강과 창조적 에너지, 사랑과 상호반응이 포함되며, 이는 인생을 행복하고 유쾌하게 해주는 고속도로이자 샛길이다.

삶의 많은 부분은 일상적이고, 단조로우며, 그날이 그날이고, 평범하며, 습관적이고, 감정적으로 무덤덤하게 펼쳐진다. 자동으로 조절되며, 아무 생각 없이 흘러간다.

그다음에는 고통과 삶의 불행한 모든 측면이 있다. 슬픔, 수치, 모욕감, 두려움, 공포, 패배감, 염려가 그것이다. 그 어두운 면과 캄캄한 순간이 있다.

우리가 이러한 부정적 감정을 약간 높은 강도로 경험할 때 심리적 괴로움이 생기고, 마음이 동요한다. 혼란과 불안, 동요를 느낀다. 정도는 다를지라도 누구든 한 번쯤 감정의 동요를 경험한다. 불행하게도 어떤 사람은 지속적으로 괴로운 상태로 산다. 고뇌나 혼란이나 동요는 고통으로 인한 것인데, 그 고통이 신체적인 것일 때도 있지만 정신적인 고통일 때가 더 많다. (더 많은 요소가 있기는 하지만) 심리적 고통이 자살의 기초적인 구성 요소다.

큰 행복감이나 기쁨에서는 결코 자살이 태어나지 않는다. 자살은 부정적인 감정의 자녀다. 하지만 자살을 이해하기 시작하려면, 괴로움이 무엇을 의미하는지, 왜 사람은 죽음에 대한 생각을 품는지, 특히 참을 수 없는 고통을 멈추는 방법으로 왜 죽음을 생각하는지, 달리 말하자면 자살로 죽는 것을 왜 고통으로부터의 도피로 보는지 생각해 볼 필요가 있다. 심리적 동요와 치명성은 인간의 자기파괴를 낳는 나쁜 부모다.

고통은 자연의 위대한 신호다. 고통은 우리에게 경고해 준다. 고통은 우리를 움직이게 만들기도 하지만, 힘이 새어나가게도 한다. 고통은 바로 그 본질상 우리가 고통을 멈추거나 고통에서 도망치고 싶게 한다.

우리는 **치명성**lethality을 가까운 장래에 한 개인이 자기 손으로 자기를 죽일 가능성이 있는 상태를 말한다고 정의할 수 있다. **치명성**은 **자살경향성**suicidality의 동의어이고, 이 사람이 스스로에게 얼마나 위험한가를 뜻한다. 두 용어(고뇌와 치명성)를 구별하는 것은 이론적 목적뿐 아니라 임상적인 실제 목적이 있기 때문이다. 자살하려는 생각이 차오른 사람을 다룰 때 치명성을 (직면시키거나 훈계함으로써) 말해주는 것은 별로 효과가 없다. 우리는 이런 사람과 함께 작업하면서 왜 정신적인 혼란이 치명적인 감정을 느끼도록 이끌어가고 있는지 물어봄으로써 자살에 관한 생각들을 짚어볼 수 있다. 그 상황을 진정시키고, 점화된 감정을 누그러뜨리는 것이 가장 효과적인 길이다. 한마디로, 그 사람이 덜 동요되도록 (이성적으로) 어떤 것이든 하는 것이다.

실제로 이 글을 읽는 모든 독자는 자살에 대해 직접적으로든 간접적으로든 걱정해 본 적이 있고, 가족이나 친구, 아니면 자신에 대해 염려되는 순간이 있었을 것이다. 우리의 한결같은 목표는 자살 예방이지만, 반드시 이해가 선행되어야 한다.

우리가 기억해야 할 기본 규칙이 있다. 그것은 괴로움과 심리적 동요를 줄일 수 있다면 치명성을 줄일 수 있다는 것이다. 자살하려는 사람이 "어디 아픈가요?"라는 질문을 받으면 그것이 자신의 감정과 삶에 관해 물어보는 것임을 직감적으로 알고 적절히 대답한다. 생물학적인 용어가 아니라 심리학적인 용어를 써서 대답한다. 어떤 사람들은 문학적이거나 인문학적인 세련된 대답을 한다. 내가 이렇게 말하는 것은 그 사람의 감정, 걱정, 고통에 관해 물어보라는 말이다.

이 개념들을 다른 식으로 생각해 볼 수 있다. 심리적 동요는 고통이 느껴지는 것이고, 치명성이란 죽음(없음nothingness, 끝남cessation)을 고통의 해결책이라고 보는 **발상**과 관련된다. 정신적 괴로움 자체는 치명적이지 않다. 하지만 심리적 동요가 고조되면서 치명성과 결합하면, 치명성은 스스로 자초한 죽음이라는 요리의 주재료가 된다. 심리적 동요는 자살에 동기를 부여하고, 치명성은 죽음의 방아쇠가 된다.

치명성은 "이 고통을 멈출 수 있어, 내가 나를 죽일 수 있어"라는 발상인데, 이것이 자살의 유일무이한 본질이다. 엉망진창인 방을 어둠 속으로 몰아넣으려고 일부러 전등 스위치를 끄거나 짜증스러운 엔진의 소음을 키를 OFF로 돌려 멈춰본 적이 있다면, 그 순간에는 자살하려는 사람이 갈망하는 신속한 만족을 인정한 셈이다. 자살하려는 사람의 의도는 결국 지속적인 **생명**의 활동을 멈추려는 것이기 때문이다.

육체적 고통은 심리적 괴로움과 어떻게 다를까? 우선, 육체적 고통은 자살에 중심적으로 관련한 고통은 아니다. 에이즈나 초기 알츠하이머로 고생하는 사람이 조력 자살을 통한 죽음을 원한다면, 그것은 적절한 약물 복용으로 조절될 수 있는 육체적 고통 그 자체와 연관된 것이라기보다는 육체적 고통에 동반된 모멸감과 불안감과 관련된 것이다.

육체적 고통이 전혀 없는 삶을 상상하기란 어렵다. 우리 모두 고통이 어떤 느낌인지 알고 있다. 긁힌 무릎, 우연히 베이거나 부딪힘, 머리를 세게 박은 충격 등. 아기 때 울어본 적 없이 어른이 된 사람이 있을까? 많은 사람이 꽤 강하고 심각하게, 심지어 견딜 수 없이 극심한 고통을 이런저런 일로 경험하며, 그 기억을 안고 살아간다.

육체적 고통은 물리적 또는 신체적 통증이나 아픔으로서, 질병이나 부상 또는 장애로부터 발생한다. 이나 귀나 배가 아픈 것, 베이거나 부러지거나 삐거나 상처 입는 것, 통풍이나 관절염 또는 암, 우리가 "아야!" 하는 경험들이다. 보통 고통이라고 하면 육체적 고통을 말한다.

육체적 고통에 관한 전문서적은 방대하다. 현대의 조사연구서 한 권¹만 보더라도 수백 가지 다양한 종류의 고통이 언급된다. 무엇보다 만성 통증, 요통, 환상지통幻想肢痛, phantom limb pain, 난치성 통증이 있다. 대형 병원에는 대부분 통증 관리를 하는 전문 클리닉이 있다. 현대 인간의 고통 치료에서 주된 관심사는 육체적 고통 조절이다.

에이즈로 죽어가는 한 젊은이는 자신의 고통을 이렇게 기록했다.

　나는 포기하려 한다. 내가 원하는 건 끝나는 것이다. 어떤 기적도 더 이상 기대하지 않는다. 부어오르고 열이 나는 것이 그냥 나를 끌어내린다. … 그러면 나는 그저 잠든 채 죽고 싶어진다. 그냥 지쳤다. 오늘 아침 일어났을 때 정말로 겁이 났다. 나는 중얼거리고 있었다. 하느님, 오 하느님, 내가 무얼 해야 할까요? 하느님, 하느님은 대답하지 않는다. … 방법이 있다면 내가 지금 끝낼 수 있을 텐데. 끝냈을 텐데.

　어둠을 헤매는 이 젊은이가 이처럼 자신의 붓기와 열을 기록한 데서 육체적 고통이 간접적으로 이야기된다. 그러나 무엇보다 우리 마음을 사로잡는 것은 그의 두려움, 심리적 고통이다. 그의 육체적 고통은 얼마나 심각한 것일까? 육체적 고통의 심각함을 등급으로 매기려는 시도는 많이 있었다. 간단한 등급 매기기를 제공하는 '맥길-멜잭 고통지수 설문지 McGill-Melzack Pain Questionnaire'가 널리 알려져 있다. 이 설문지는 무통, 가벼운 통증, 불편함, 괴로움, 끔찍함, 극심한 통증으로 나눈 기본 범주를 조사 대상자가 선택하게 되어 있고, 그 선택 결과는 가벼운 통증, 보통, 극심한 통증으로 분류된다. 이런 방식은 사람이 자신의 통증을 일상적인 말로 묘사하도록 도와주려는 것이다. 언어라는 제한된 깔때기를 통해서라는 것을 인정할 수밖에 없지만 말이다.* 즉, 이제 막 시작된 개인적인 고통의 경험을 문화적으로 정의된 단어와 문구를 이용해 사람 간의 의사소통으로 움직여 가도록 도와주려는 것이다.

에릭 캐셀Eric Cassell의 『괴로움의 본질과 의학의 목적The Nature of Suffering and the Goals of Medicine』,² 그리고 데이비드 모리스David Morris의 『고통의 문화The Culture of Pain』³는 고통의 사적인 경험을 포착할 수 있게 하는 데 성공한 책이다. 경험 많은 외과의사인 캐셀은 고통pain과 괴로움suffering을 구별하는 것이 필요하다고 보았다. 그는 서문의 첫 줄에 이렇게 썼다. "어떤 의료체계를 검토하려면 그 체계가 괴로움을 다루는 데 적절한지를 보아야 한다. … 현대 의학은 그런 검토를 하지 않는다." 그가 주장하는 것은 치료의 대상이 단순히 질병이어서는 안 되며 질병에 걸린 그 사람 전부여야 한다는 것이다. 그러면서 그는 '개성personhood'의 개념을 설득력 있게 논한다. 그 책은 현명하고 대단히 훌륭한 저술이다.

문학을 가르쳤던 전직 교수인 모리스는 고통의 의미와 쓰임, 고통의 즐거움과 비극에 대해 지적인 만찬을 제공한다.

---

* 저자는 고통의 일상적인 많은 표현이 세 범주로만 나뉘는 것을 위는 넓고 아래는 좁은 깔때기로 비유했다.

그 책을 읽는 것은 마음을 활짝 펴는 경험이 된다. 그러나 고통에 관해 최고 수준의 내용을 보여주는 두 책 모두 자살을 언급하지는 않는다.

내가 육체적 고통을 논하는 주된 목적은 육체에 속한 종류의 고통은 자살 대부분에 함축되어 있는 고통이 **아님**을 확실히 하려는 데 있다. 지금 우리를 자살로 이끌어가는 고통은 심리적 고통 또는 정신통과 연관이 **있다**.

정신통은 주관적이어서 측정하기가 어렵다는 점을 인정할 수밖에 없다. 나는 어떤 체계적 척도를 효과적으로 만들기 위해 '심리적 고통 조사Psychological Pain Survey'를 개발했다(부록 1 참고). 이러한 양식을 만들면서 나는 심리학자들이 '대응비교방법method of paired comparisons'이라고 부르는 것을 이용해 보았다. 대응비교방법이란 어떤 사건(부록 1의 조사표에서는 나치 강제수용소의 사건)이 극심한 심리적 고통의 기준점으로 인용되고, 조사 대상자는 그 사건과 비교해 자신의 심리적 고통을 등급으로 매기게 되어 있다.

이런 식으로 우리는 서로 다른 사람의 등급을 비교하기 위한 어느 정도 객관적인 참고자료를 갖게 되었다. 오늘날까지 나는 이 예비 양식을 외과의사, 성직자, 의과대학생, 대학생에게 많이 사용해 왔는데, 총 수백 명에 이르는 그들 중 누구에게도 그 조사가 어떤 심각한 영향을 끼치지는 않았다. 나는 특히 언어에 관심을 기울였다. 심리적 고통의 눈금을 따라 자신의 수치를 말하는 사람이 사용하는 명사, 형용사, 동사, 부사에 관심을 가졌고, 물론 직접 대화하면서 자신에게 자살 생각이 있다고 말하는 사람의 언어에 가장 관심을 두었다.

여기 심리적 고통을 기록한 글 두 개를 그대로 인용하려고 한다. 첫 번째 글은 베아트리체 베센이 쓴 글인데, 그녀는 UCLA 학부에서 내가 강의한 '죽음과 자살'이라는 과목(내가 20년 동안 가르친 과목) 수강을 등록했고 심리적 고통 조사서를 작성하는 데 자원했다. 우리가 직접 대화했을 때, 그녀는 조사서를 작성하는 일이 자기를 동요시키지 않으리라고 장담했다(그리고 그녀는 자신의 상담사에게 승인을 받고 조사서를 작성했다). 그녀가 작성한 조사서의 사본이 부록 1에 있다.

열 살 때 나는 세상의 공포에 눈을 떴다. 나는 어린 시절의 순진함에서 나와 인생의 어두운 쪽으로 곤두박질쳤다. 내가 심각한 고통에 취약하다는 것을 인정하며 우리 가정이 깨질 것이라 예상하면서 가족으로부터 멀어지기 시작했다. 열다섯 살 무렵에는 자기혐오로 인해 고군분투하면서도 내게 무슨 일이 일어나고 있는지는 알 수 없었다. 어느 날 갑자기 남자 친구가 떠났다. 나는 그렇게 강렬한 고통을 느껴본 적이 없었기 때문에 그 고통에 대해 어찌할 바를 몰랐다. 집에 혼자 있었는데 절망스럽게 뛰어다니다가 내 몸을 타고 흐르는 감정의 홍수에 공황 상태에 빠졌다. 결국 식칼을 집어 들고 내 방으로 들어갔다. 그리고 칼로 나를 베었다. 팔을 죽죽 그었다. 육체적 고통이 감정적 고뇌로부터 내 주의를 떼어내 주었고, 나는 그저 피가 카펫 위로 흐르지 않게 하는 데만 집중했다.

두 번째 이야기는 자신을 총으로 쐈지만 어쩌다 살아난 젊은이가 병원 침대에서 쓴 것이다. 우리는 그를 카스트로 리에스라고 부를 것이다. 그는 자동권총의 총구를 자기 머리 오른편에 대고 뇌를 날려 보낼 작정을 했지만, 순간 긴장해 빗나가게 발사함으로써 얼굴 대부분에 총상을 입었다. 그래서 말을 할 수는 없었지만, 애써 글을 쓸 수는 있었다. 그는 비범한 사람이었다. 캐리비안 미국인인 그는 고등학교를 중퇴했다. 그러나 유럽 역사의 한 부분, 특히 고대 로마 역사에 관해 깊이 공부했다. 그는 진정한 독학자獨學者였고, 스스로 가르치는 선생이었으며, 세련된 영어로 글을 썼고, 상당수 대학의 구두시험에서 최상위권에 들 수 있을 정도로 철자, 문법, 어휘에 능숙했다. 내가 그를 만난 병원에서 일하는 직원들은 그가 글을 겨우 깨쳤을 것이라는 부정확한 고정관념을 가지고 그를 대했다(내 생각에, 그를 어느 정도 무시했다). 여기에 인용한 것은 그가 끄적거리며 써놓은 글 원본의 일부다.

어떤 평안도 찾을 수 없었다. 내가 할 수 있는 모든 것을 했지만, 나는 여전히 가라앉고 있었다. 오랜 시간 앉아서 답을 찾았지만, 다만 고요한 바람만 있을 뿐 아무런 답이 없었다. 그 답은 분명했다. 죽어라. 나는 잠을 자지 않았다. 꿈들이 현실이었고 현실이 꿈이었다. 살아남고 성공하려는 나의 의지는 부서지고 패했다. 나는 마치 전쟁터에 홀로 남아 내 적과 그 무리인 두려움, 증오, 자기비하, 적막함에 포위당한 장군 같았다. 내가 주도권을 쥐어야 한다고, 내 운명은 내가 통제해야 한다고 느꼈다. 그래서 항복 대신 죽고자 했다. 운명과 현실이 합쳐지기 시작했다. 나를 둘러싼 것들은 그림자 같고 그저 허깨비 같아서 실제로는 알아차릴 수 없었고, 내 자신과 내 곤경만 의식되었다. 죽음은 나를 삼켜버렸다, 내가 방아쇠를 당기기 오래전. 나는 내 자신 속에 갇혔다. 내 눈을 통해 본 세상은 나와 함께 죽는 듯했다. 이 세상을 끝낼 마지막 버튼을 내가 누르게 된 것 같았다. 나는 나 자신을 죽음의 팔에 맡겼다. 모든 것이 빛바래고 희망의 빛줄기가 사라지는 시간이 올 것이다. 나는 내 머리에 총을 가져다 댔다.

베센과 기예스 이 두 사람이 말하는 것은 심리적 고통 또는 **정신통**이다. 정신통은 상처, 고뇌, 또는 마음을 장악한 아픔이다. 그것은 본래 심리적인 것이다. 수치심, 죄책감, 공포, 염려, 외로움, 불안, 늙어가거나 초라하게 죽어가는 것에 대한 공포 등을 너무도 강하게 느끼는 것이다. 정신통이 생기면 그것의 내적 성찰의 현실은 부인할 수 없는 실제가 된다. 그 정신통을 견딜 수 없다고 여기게 되면, 그런 고통스러운 의식意識의 끊임없는 흐름을 막고 싶은 마음에 죽음이 적극적으로 추구되며, 이때 자살이 일어난다. 자살은 마음의 비극적인 드라마다.

내가 조사연구를 통해 배운 것은, 지나친 심리적 고통을 경험할 때 결국 자살로 끝나는 경우는 아주 소수이지만, 그 자살은 모두 과도한 정신통에서 기인한다는 것이다.

자살을 이해하려면 반드시 고난과 심리적 고통을 이해해야 하고, 고통을 견디게 하는 다양한 임계 수준을 이해해야 한다. 그리고 자살하려는 사람을 치료하려면(그리고 자살을 방지하려면) 자살로 몰고 가는 정신통을 반드시 다루고 완화·감소시켜야 한다. 자살을 시도하는 이들은 모두 자신이 자살로 몰리고 있다고 느낀다. 자살이 실제로 남아 있는 **유일한** 선택이라고 느낀다. 우리가 좋은 의도로 나이, 성별, 민족성 같은 인구통계적 변수에 유의하면서 두뇌의 지속적인 전기화학적 활동을 분석해 본다 해도, 마음에서 일어나는 감정의 드라마, 수축된 사고, 평안의 갈구, 그 중심에 관해서 우리가 알기 원하는 것은 하나도 알 수가 없다. 내가 자살의 심리적 측면에 초점을 맞추려는 이유가 여기에 있다. 심리적 측면에서 자살이라는 드라마가 실제로 펼쳐지기 때문이다. 이를 가장 잘 보여준 이가 미국의 가장 위대한 심리학자 윌리엄 제임스William James(1902)다. "개인의 개별성은 정서에서 발견된다. 그리고 정서가 물러나서 들어가 숨은 곳, 즉 성격 중 더 어둡고 더 가려진 층들이, 지금 만들어지고 있는 진짜 사실을 파악하며, 어떻게 사건이 일어나고 어떻게 일이 실제로 이루어지는지 우리가 실제로 인식할 수 있는 유일한 장소다."[4] 바로 그곳이 '내가' 사는 곳의 '중심'이다.

몇 년 전에 나는 로스앤젤레스 카운티 검시관청Los Angels County Coroner's Office(자살학자로서의 내 경력이 시작된 곳)으로 되돌아가서 내가 처음 살펴보았던 때로부터 40년 사이에 유서의 내용에 변화가 있었는지를 살펴보았다. 변한 것이 없었다. 예나 지금이나 유서에는 그 행동과 연관된 고뇌는 반영되지 않았고, 때때로 평범하고 심지어는 따분한 것도 사실 많았다. 그러나 자살의 동기가 되는 심리적 고통을 **표현하는** 유서도 꽤 많았다.

여기에 남성, 여성, 독신, 기혼, 별거한 사람들의 유서 여섯 개를 소개한다. 24세에서 74세까지인 그들은 총이나 칼로, 약물 과다 복용으로, 또는 목매어 자살했다.

그들의 유서는 자살의 심리적 고통을 보여준다.

내가 간절히 원하는 사랑을 받지 못하면 남는 것이 하나도 없다.

_여성, 45세, 기혼, 약물 과다 복용

감정이 회전목마처럼 돌아가는 데 지쳤다. 그래서 목숨을 끊고 내려야겠다.

_여성, 60세, 독신, 약물 과다 복용

내 감정을 어떻게 할 수가 없다. 인생이란 관리할 수 없는 것이다. 나는 열두 살 아이처럼 무력하다.

_여성, 74, 배우자 사별, 손목을 그음

사랑하는 메리, 내가 이 마지막 말을 쓰는 것은 이것이 마지막 말이기 때문이야. 나는 당신과 어린 우리 아들 조가 내 인생으로 다시 돌아올 거라고 정말 생각했지만 당신은 그러지 않았어. 당신이 나보다 나은 사람을 찾은 걸 알아. 그 개자식이 죽었으면 좋겠어. 난 당신을 아주 사랑하고 조도 사랑해. 당신과 잘 지내지 못해 마음이 너무 아파. 내겐 우리 모두를 위한 꿈이 많았는데 그냥 꿈일 뿐이었네. 꿈들이 실현될 거라 늘 생각했었는데, 아닐 것 같아. 천국에 가고 싶지만 나는 아마 지옥에 가겠지. 사랑하는 조를 부디 잘 보살펴줘. 나는 그 애를 사랑하니까. 제발 그 애에게는 무슨 일이 일어났는지 말하지 말아줘. 내가 멀리 가서 나중에 돌아올 거라고 말해줘. 언제인지는 모른다고 말해줘. 그게 다인 것 같아. 당신도 잘 지내길.

추신. 난 우리가 다시 잘 지낼 수 있다는 걸 알았지만 당신이 그걸 원하지 않았던 건 당신이 만난 다른 사람과 자고 싶어서였다는 걸 알아. 내가 당신을 증오한다고도 사랑한다고도 진짜 말할 수 없네. 당신은 절대로 모를 거야.

진심을 담아, 당신의 남편 조지

_남성, 24세, 기혼, 목매달아 죽음

나를 용서해, 오늘 난 죽을 거니까. 당신 없이 살 수 없어. 이미 죽은 것일 수도 있고. 어쩌면 평안해지겠지. 내 안에 이 공허한 느낌이 날 죽이고 있어. 더는 견딜 수가 없을 뿐이야. 당신이 떠났을 때 나도 속으로는 죽었지. 말할 수밖에 없네, 나에겐 아무것도 남지 않았고 부서진 마음만 날 이렇게 데리고 간다고. 신에게 도와달라고 울부짖지만 듣지 않아. 내가 할 수 있는 건 하나도 없어.

_남성, 31세, 별거, 목매달아 죽음

나 홀로 앉아 있다. 지금, 마침내, 시달려 온 정신의 고통으로부터 자유다. 이건 놀랄 일이 아니야. 내 눈이 내가 느껴온 괴로움을 오래오래 이야기해 왔잖아. 거절, 실패, 좌절이 나를 짓누른다. 이 지옥에서 나를 꺼낼 길이 없어. 안녕, 내 사랑. 날 용서해.

_남성, 49세, 기혼, 머리에 총상

이 유서 모두에는 명백한 심리적 고통이 담겨 있다. 자살은 내적 대화의 결과다. 정신은 선택할 수 있는 것들을 훑어보며 탐색한다. 그중에 자살이 있지만 마음은 자살을 거부하고 다시 훑는다. 자살이 거기에 있다. 자살이 다시 거부된다. 그러다가 마침내 자살을 해결책으로서 받아들인다. 그다음에는 자살을 계획하고, 자살이 유일한 해답으로 고정된다. 이러한 과정에 관한 일반적인 단어가 **내적 성찰**이다.

몇 년 전 나는 나 자신에게도 자살하려는 마음이 잠재되어 있는지 조사해 보고 싶었다. 나는 30년 동안 미국 전역에서 여섯 번 (순전히 신체의 불편함 탓에) 병원에 입원한 적이 있었다. 그 경험을 가지고 나만을 대상으로 한 간단한 실험을 해보았다. 내가 알고 싶었던 것은 내 심리적 욕구가 입원하고 있는 동안 어떻게 변했었는지, 환자로서 내가 어떻게 행동했었는지에 관해서였다. 몇 달에 걸쳐 이런저런 경로를 통해 내 의료 기록을 보면서 환자인 나의 행위를 기록한 간호사들의 노트에 집중했다.

결과는 흥미로웠다. 병원 여섯 곳의 의료진이 나를 보았던 견해는 둘로 뚜렷이 나뉘었다. 네 군데서는 나를 협조적이고 활발하며 심지어 즐거운 환자로 보았다. 돌아보건대, 세상에서 평범하게 행동하려는 나의 심리적 욕구 성향이 드러났다는 생각이 든다. 반면 두 군데서는 내가 다루기 어렵고 요구가 많으며 비협조적이고 화를 잘 내는 환자로 적혀 있었다.

골칫덩어리였던 것이다. 내게 분명해진 것은, 그 차이가 치료의 질이나(모든 병원에서 나는 충분히 잘 치료받았다), 내가 얼마나 아팠는지, 실제로 내가 죽음에 얼마나 가까이 있었는지 등이 아니라, 당시에 내가 얼마나 놀랐는지 또는 두려워했는지 그 공포의 정도에 달렸다는 사실이다. 즉, 나 스스로 방향을 잘못 잡은 심리적 고통 때문이었음이 분명해졌다.

여섯 번의 입원 중 한번은 내 의사 후배 중 한 명이 중환자실로 들어와 약해진 생체 징후를 확인하고 응급처치를 요청해 내 생명을 구한 순간이 있었다. 그때 나는 아무런 위험도 감지하지 못했고(아니면 너무 침착해서 위험을 알아차리지 못했거나), 최소한 간호사들이 보기에는 얌전한 고양이 같았다.

예외적으로 휘몰아쳤던 두 차례 입원 때는 내 심리적 욕구가 (성취, 양육, 놀이, 질서 등에 대한 일상의 욕구로부터) 철저히 변해버려, 통제와 불가침, 이해에 대한 욕구가 갑자기 강화되었다. ('아니 여기서 도대체 무슨 일이 일어나고 있는 거야?') 달리 말해 내가 겁먹게 되면 구석으로 몰린 내 인격이 고함지르고 엄포를 놓으려 싸우고 기꺼이 추해지는 나의 최종 욕구로 전환되었던 것이다. 그것은 내 안의 하이드였다.* 위협이 인지되고 스트레스를 느끼자 나의 심리적 욕구가 방향을 튼 것이었다.

---

* 1886년에 출판된 제임스 스티븐슨의 소설 『지킬 박사와 하이드』에 등장하는 지킬 박사의 내면의 악이 드러날 때 쓰는 이름이 하이드다.

그것은 내가 좀처럼 세상에 내보이지 않는 '싸우거나 도망치는' 내 인격이었다.

이 작은 연구로 나는 어떤 욕구가 나를 자살하고 싶게 만드는지를 이론화하는 시나리오를 위한 값진 통찰을 했다. 더구나 그것이 나 개인에게 보여주었던 것은, 한 개인이 내면에서 울리는 위험 경보를 만일 죽음을 갈망하는 멈춤으로 생각하는 발상과 연결시키면(나의 경우에는 그렇지 않았지만), 그런 추론이 (생명을 위협하는) 특정 형태로 전환될 수도 있다는 것이었다. 자살이란 내적 성찰의 드라마라는 것을 새삼 깨닫게 되었던 것이다.

1890년에 윌리엄 제임스는 '의식의 흐름'[5]에 관해 설득력 있게 쓴 바 있다. '의식의 흐름'을 현대적 용어로 말하자면, 우리가 깨어 있는(그리고 꿈꾸는) 동안에 내내 켜져 있는 텔레비전이라고 말할 수도 있다. 그것은 '깨어 있는 상태'의 작용을 말해주며, 당신이 내적 성찰을 하고 있다는 의미다. 올더스 헉슬리Aldous Huxley의 소설 『가자에서 눈이 멀어Eyeless in Gaza』(1936)에는 '내적 성찰'을 특히 잘 정의한 말이 나온다. "자신의 사적인 삶을 방해받지 않고 계속 살아가는 시선 저편에 있는 이미지들."[6] 결국 자살이란 견딜 수 없는 의식의 흐름을 멈춤으로써 고통스러운 긴장을 줄이려는 욕구다.

저명한 캐나다인 심리학자 도널드 헵Donald O. Hebb은 마음이란 두뇌가 하는 일이라고 썼다.[7] 이것은 아주 좋은 지적이지만, 너무 제한적이다. 마음은 두뇌가 하는 일이 맞지만, 그 이상이다. 마음은 마음 스스로 판단한다. 마음의 주된 일은 마음이 하는 일에 신경 쓰는 것이다. 마음은 신장, 피부, 폐와 다르고, 오줌, 땀, 이산화탄소와도 다르다. 또 다른 종류의 '어떤 것'이 아니다. 마음은 (사고나 감정이라고 불리는) 과정, 살아 있는 뇌세포에서 일어나는 과정이다. 거칠게 비유하면, 피부가 땀을 내듯이, 간이 담즙을, 췌장이 인슐린을 생산하듯이 뇌라는 수십억의 세포로 된 놀라운 기관은 의식을 '분비한다'. 담즙이나 인슐린과 달리 사고와 감정은 물질이 아니라는 점을 제외한다면 그 정도로 비유할 수 있다. 데카르트는 확장물 擴張物, res extenso과 정신물情神物, res mentis에 관해 이야기함으로써 이 문제를 혼란스럽게 했지만, 정신적인 **물질**이란 없다.

분명히 말해, 뇌가 없으면 마음도 없다. 아인슈타인의 뇌를 얇게 베어내도 $E=mc^2$이 나오지 않듯이, 제프리 다머Jeffrey Dahmer*의 뇌를 썰어본들 그의 엄청난 정신병리적 수수께끼를 더 설명해 낼 수는 없다. 반면에 중증 우울증, 멜랑콜리아, 정신병적 질환, 양극성 기분 장애는 뇌의 생리적 장애와 관계가 있고 뇌구조까지도 연관이 있지만, **자살**은 본질적으로 마음에서 일어나는 정신적 과정이다. 그래서 자살은 모든 건강 관련 전문가의 관심사이며, 자살하려는 마음이 없었더라면

---

* 십대를 포함한 17명의 남성을 추행하고 죽인 미국의 연쇄 살인범.

꽤 건강했을 수많은 평범한 사람들에게도 관심을 끄는 주제가 된다.

자살은 주로 심리적 고통에 달려 있다. 그리고 심한 정신통의 일차 원인은 좌절된 심리적 욕구다. 분명히 우리 행위의 결정적으로 중요한 부분은 생물학적 욕구, 즉 산소, 음식, 물, 적당한 온도를 원하는 욕구에 기초한다. 하지만 일단 이 욕구들이 만족되면, 우리 행동은 죽 늘어선 심리적 요구들을 만족시켜 내면의 갈등을 경감하려는 욕구를 따르게 된다. 이러한 욕구에는 성취하고, 소속하고, 지배하고, 해로움을 피하고, 자율적이 되고, 사랑을 받고 의존하며, 무슨 일이 일어나고 있는지 이해하고 싶은 무형의 욕구들이 포함된다. 누군가 자살할 때는 그를 '살게 하는' 심리적 욕구가 꺾여서 생긴 심리적 고통을 지워버리려고 하는 것이다.

헨리 머레이Henry A. Murray는 미국 심리학에서 가장 중요한 책 중 하나인 『성격 탐구Explorations in Personality』(1938)에서 우리가 평생 추구하는 이 심리적 욕구들을 처음으로 공식화했다. 머레이는 묻는다. "자살이 어떻게 견딜 수 없는 고통을 종결하려는 행동이란 말인가?" 그의 책에서 머레이는 성격의 역동적 요소 20개를 찬찬히 제시하고 정의하며 논의하고 설명한다. 그는 **욕구**를 "두뇌 안에서 인지와 관념을 조직해 그 유기체를 달래거나 만족시키려고 하는 힘"으로 정의한다.[8]

집이나 학교, 거리나 직장에서, 낮 동안이나 퇴근 후에, 꿈이나 환상에서 우리가 행하는 모든 활동은 이 욕구들의 표현이다. 어떤 정도로든 이 욕구들은 우리 삶을 움직이게 한다. 그래서 자살은 언제나 생명의 더 큰 패턴의 한 측면일 뿐이다.

우리 각자는 심리적 욕구로 구성된 특유의 성향을 지닌다. 확실히 말할 수 있는 것은 이 심리적 욕구들에 우리가 부여하는 상대적 무게가 우리의 성격을 보여주는 창이라는 점이다. 그것은 우리를 움직이게 하는 것이 무엇인지를 반영한다.

머레이가 우아한 문장으로 수백 쪽에 걸쳐 쓴 풍성하고 복잡한 글을 한 장의 목록으로 만드는 것은 폭력일 수 있음을 인정해야겠지만, 나는 그 내용을 접근 가능하게 하고 실제로 임상에 적용하려는 관심에서 그렇게 해보았다(그렇게 만든 '심리적 욕구 양식Psychology Need Form'을 표 1에 간략히 제시했고, 부록 2에 그 전체를 실어두었다). 나는 이 욕구의 목록을 바탕으로 단순한 양식을 만들어냈다. 그래서 나의 피험자와 환자가 자신의 자아관과 세계관에 자신의 다양한 욕구가 미친 영향을 등급으로 매겨볼 수 있게 했다.

몇 가지 매개변수를 정하기 위해서, 나는 이 양식을 이용해 각 사람이 20개의 욕구에 숫자(비중)를 매기고 그 수의 합이 정확히 100이 되도록 등급을 만들었다. 달리 말하자면 모든 사람이 동일한 점수를 얻는다. (각 개인의) 욕구들이 보이는 비중의 차이는 흥미로운 정보를 산출하며 욕구들이 어떻게 우리 삶의 패턴을 형성하는지 보여준다. 본질적으로 이 간단한

표 1. 머레이 욕구 양식(Murray Need Form)

조사 대상자_____ 성별____ 나이____ 평가자_____ 날짜_____

__비하abasement 수동적으로 굴복하려는 욕구, 자신을 하찮게 만들려는 욕구

__성취achievement 어려운 것을 이루려고 함, 극복하려 함

__친밀affiliation 한 친구나 무리를 고수함, 친밀해지려고 함

__공격aggression 상대를 힘으로 이기려 함, 싸우거나 공격함

__자율autonomy 독립적이고 자유로워지려 함, 제한을 거부함

__반작용counteraction 재시도하여 상실을 보상하려 함, 되갚기

__비난 회피defendance 비판과 비난에 대해 정당화하려 함

__공경deference 윗사람을 공경하고, 지지하며, 칭송하고, 모방하려 함

__지배dominance 타인을 통제하고, 영향력을 끼치며, 지시하고, 지배하려 함

__과시exhibition 타인을 흥분시키고, 마음을 끌며, 재미있고 즐겁게 하려 함

__손상 회피harm avoidance 고통, 상처, 병, 죽음을 피하려 함

__불가침inviolacy 자신과 자신의 심리적 공간을 보호하려 함

__양육nurturance 누군가를 먹이고, 돕고, 위로하고, 보호하며, 양육하려 함

__질서order 조직화하며 사물과 사고 사이에 질서를 잡으려 함

__놀이play 재미있으려고 행동함, 쾌락 자체를 추구함

__거부rejection 타인을 배제하거나, 몰아내거나, 차버리거나, 쫓아내려 함

__감각성sentience 감각적인, 그리고 육체적 쾌락을 주는 경험을 추구하려 함

__수치 회피shame-avoidance 수치스럽고 당황스러운 것을 피하려 함

__ 양육 의존succorance 자기 욕구를 타인을 통해 충족하려 함, 사랑받으려 함

__ 이해understanding 대답을 알려고 함, 방법과 이유를 알려고 함

자료: Henry A. Murry, *Explorations in Personality* (New York: Oxford University Press, 1938)에서 재구성.

표는 우리에게 무엇이 정말로 중요한지, 그리고 우리가 무엇을 이해하기 원하는지를 생각해 볼 수단이 된다.

분명한 것은 이 양식을 가지고 아주 다양한 사람을 측정해 볼 수 있다는 것이다. 자기 자신, 부모, 환자, 사랑하는 사람, 친구, 동시대의 유명인사, 역사적 인물, 허구의 등장인물 등 누구든 평가해 볼 수 있다. 누군가 꽤 제대로 기능하며 살아갈 때도 등급을 매겨볼 수 있고, 그 사람이 절실히 자살하고 싶어 할 때도 평가해 볼 수 있다. (앞으로 살펴보겠지만, 자살하려는 사람의 치료는 그 사람에게 맞춰 이루어져야 하고, 심리적 고통에 기름 붓는 좌절된 욕구들을 다루어야 한다. 그런 욕구가 결국 자살 생각으로 몰고 가기 때문이다.)

이 양식이 어떻게 작용하는지를 보려고 나는 유명 인물들에게 나타나는 이 욕구들의 성향과 비중을 살펴보았다. 그렇게 하여 이 양식이 어떤 효과가 있는지 설명해 보았다(표 2 참조). 이처럼 역사적 인물을 대상으로 등급을 매겨보는 일에 특히 힘을 실어주는 것은 그것을 바로 각각의 전문가들이 했다는 점이다. 여기 있는 명단의 전문가들에게 나는 이 '머레이 욕구 양식'을 이용해 유명인 한 명씩에 대해 점수를 매겨 달라고 부탁했다.

• 나폴레옹은 UCLA의 역사학 교수이며 프랑스 문명에 관한 권위자인 유진 웨버Eugen Weber가 등급을 매겼다.

- 히틀러는 정신과 의사이며 예일대학 의대 학장을 역임한 프레데릭 레들리히Frederick Redlich가 등급을 매겼다. 레들리히는 히틀러 전기를 의학적 관점에서 저술했다.
- 프로이트는 프로이트 학자이자 뉴욕대학의 심리학 종신교수인 로버트 홀트Robert R. Holt가 등급을 매겼다.
- 마릴린 먼로는 정신과 의사이자 정신분석가인 로버트 리트면Robert E. Litman이 등급을 매겼다. 리트먼은 먼로의 죽음에 대해 심리적 부검을 집행했고, 미국자살학협회 회장을 역임했다.
- 에이허브 선장*은 작가이자 문학비평가인 앨프리드 케이진Alfred Kazin이 등급을 매겼다. 케이진은 미국에서 가장 뛰어난 문학비평가 중 한 명이다.
- 허먼 멜빌Herman Melville**은 멜빌 학자이자 멜빌 전기 결정판을 저술한 허쉘 파커Hershel Parker가 등급을 매겼다.
- 린든 존슨Lyndon Baines Johnson 대통령은 UCLA의 정치학 종신교수로 존슨 대통령 임기에 관한 역사를 쓴 어빙 번스타인Irving Bernstein이 등급을 매겼다.

---

* 에이허브 선장은 허먼 멜빌의 소설 『모비 딕Moby-Dick』의 주인공으로, 포경선 피쿼드호를 이끌고 고래잡이에 나섰다가 모비 딕이라는 고래에게 한쪽 다리를 잃은 뒤, 복수하겠다는 생각으로 뒤쫓다가 결국 모비 딕에게 목숨마저 잃게 된다.
** 허먼 멜빌(1819~1891)은 소설 『모비 딕』을 쓴 미국의 작가다.

- 제인 애덤스Jane Addams*는 UCLA의 사회복지학 종신교수
  인 해리 바서만Harry Wasserman이 등급을 매겼다.
- 짐 존스Jim Jones**는 UCLA의 정신과학 교수이자 종파숭배
  전문가인 루이스 웨스트Louis Jolyon West가 등급을 매겼다.
- 마사 그레이엄Martha Graham***은 UCLA 무용과 교수이자 종신
  교수회 의장인 앨머 호킨스Alma Hawkins가 등급을 매겼다.
- 고흐는 UCB 사회복지대학 교수이자 전기傳記의 주제를 연
  구하는 윌리엄 러넌William McKinley Runyan이 등급을 매겼다.
- 리처드 파인먼Richard Feynmann****은 UCLA 물리학 종신교수이
  자 전 캘리포니아대학 총장인 데이비드 색슨David Saxon이 등
  급을 매겼다.

---

* 제인 애덤스(1860~1935)는 미국 사회사업의 어머니로 알려진 사회
학자이자 사회운동가로, 미국 최초의 대규모 정착 시설인 헐 하우스
Hull House의 설립자이기도 하다. 1931년 노벨 평화상을 수상했다.
** 짐 존스(1931~1978)는 인민사원이라는 미국 종교단체의 교주로,
가이아나에 세운 존스타운에서 현지 조사를 나온 미국 하원의원 일행
을 살해하고 신도 900여 명과 함께 집단 자살한 사건으로 유명하다.
*** 마사 그레이엄(1894~1991)은 미국의 현대 무용가이자 안무가로
서, 140개 이상의 작품을 발표했고, 현대 무용에 지대한 영향을 미친
인물로 평가된다.
**** 리처드 파인먼(1918~1988)은 미국의 이론물리학자로, 제2차 세
계대전 중에 미국의 원자폭탄 계획인 '맨해튼 프로젝트'에 참여하기도
했다. 양자전기역학에 관한 연구의 업적을 인정받아 1965년에 노벨 물
리학상을 수상했다.

표 2. 저명한 12인의 정신적 욕구 점수표

※ 각 인물의 욕구 점수의 합계는 100점임.

	나폴레옹	히틀러	프로이트	먼로	에이허브	멜빌
비하		1	0	7		7
성취	20	10	11	8	20	10
친밀		2	5	2		3
공격	10	10	6	2	10	6
자율	10	7	8	5	10	11
반작용	10	10	7	2	10	3
비난 회피	2	5	8	3	10	3
공경		1	2	10		3
지배	20	7	10	2	10	2
과시	5	6	6	16	10	4
손상 회피		2	2	2		3
불가침		6	3	4		11
양육		1	4	2		3
질서	11	3	4	2		2
놀이		3	2	6		3
거부		7	4	2	10	2
감각성	2	5	1	2		8
수치 회피		5	5	3		4
양육 의존		4	3	12		2
이해	10	5	9	2	10	10

	존슨	애덤스	존스	그레이엄	고흐	파인먼
비하	1	1	1	1	9	1
성취	16	12	4	10	11	15
친밀	3	12	1	6	4	2
공격	5	3	12	3	7	1
자율	5	7	8	10	7	10
반작용	4	1	4	1	7	1
방어	5	1	12	3	4	2
공경	2	5	1	1	5	1
지배	12	5	12	10	2	4
과시	6	3	11	6	6	10
손상 회피	5	5	2	1	1	2
불가침	5	5	4	10	5	3
양육	2	5	1	3	9	2
질서	3	9	2	10	5	5
유희	2	7	1	2	1	10
거부	4	2	6	3	2	1
감각	7	2	5	3	1	5
수치 회피	3	3	9	2	2	3
양육 의존	8	5	3	5	10	2
이해	2	9	1	10	2	20

이러한 점수 매기기 대부분은 해당 인물이 성인기 일정 시기에, 얼마나 더 성공적이었든 덜 성공적이었든, 어떻게 기능했는지 보여준다. 물론 이 목록에는 자살한 인물이 몇 사람 들어 있다. 히틀러, 먼로, 존스, 반 고흐가 자살했고, 나폴레옹은 워털루 전투 이후 (독약으로) 자살을 시도했다. 이 표에서 우리는 심리적 욕구들이 다음과 같이 두 종류로 뚜렷하게 나뉠 수 있다는 것을 관찰할 수 있다.

첫째, 제대로 기능하면서 지속적인 성품을 그 사람의 특성으로 만들어주는 데 무게중심이 있는 욕구들이 있다. 그것은 그 인물이 **지니고 사는 '기본 틀이 되는'** 욕구들이다. 둘째, 그 사람이 내면의 갈등으로 고조되는 압력과 괴로움을 받으며 정신적으로 고통스러워지면 초점을 맞추게 되는 욕구들이 있다. 이러한 욕구는 그 사람이 그것 **때문에 죽으려고 하는**, 없으면 안 되는 **'살게 하는'** 욕구들이다. 사람이 죽으려고 할 때는 내면의 초점이 일상적인(기본 틀의) 욕구들로부터, 좌절되고 꺾인 욕구들로 옮겨갔을 때다. 그리고 그 사람이 좌절된 욕구를 지니게 되는 것은 실패, 압력, 고통, 긴박성을 지각하기 때문이다. 좌절되었지만 그 욕구들은 심리적으로 그 개인이 살아가는 데 없어서는 안 되는 필수적인 것이라고 간주해 왔던 그런 것들이다. 우리도 각각 위의 표를 채워보면서, 우리의 일상적 욕구와 좌절되면 자살로 이끌릴 수도 있는 '위급한' 욕구를 표명해 볼 수 있다.

스무 가지 유형의 욕구들을 보면서, 스무 '종류'의 자살이 있을 수 있다고 생각할 수도 있다. 그러나 실제로 자살에 함축된 욕구는 10~12가지 정도다. 머레이의 개념(그리고 그의 '심리적 욕구 양식')은 어떤 특정 사례에서 어떤 욕구가 중심에 있는지 확인할 수 있게 해주고, 그 욕구에 초점을 맞춰 그 사람의 마음에 들어갈 수 있게 해준다. 그 양식을 가지고 어떤 경우의 자살인지를, 자살과 연계된 좌절된 주요 욕구라는 측면에서 확인해 보기 시작할 수 있다.

실제적인 목적을 위해 나누어본다면, 자살은 대부분 다음과 같은 심리적 욕구의 다섯 묶음 중 하나가 좌절됨으로써 일어나는 경향이 있다. 그 다섯 묶음 각각 다른 종류의 심리적 고통을 반영한다.

- **사랑**, 수용, 소속의 좌절: 양육 의존과 친밀의 욕구가 좌절된 것과 관련됨.
- **통제**, 예측 가능성, 사전 조정의 실패: 성취, 자율성, 질서, 이해의 욕구가 좌절된 것과 관련됨.
- 공격받은 자아상과 **수치**, 패배, 모욕, 망신의 회피: 친밀, 방어, 수치 회피의 욕구가 좌절된 것과 관련됨.
- 핵심 관계의 단절과 이에 따른 **비통함** 및 상실감: 친밀과 양육 욕구가 좌절된 것과 관련됨.
- 지나친 **화냄**, 격노, 적대감: 지배, 공격, 대응의 욕구가 좌

절된 것과 관련됨.

하지만 자살의 종류는 이 다섯 가지 이상이며, 그 슬픈 사례 각각은 나름의 세부 사항에 따라 평가되고 이해되어야만 한다.

역사적 인물에 대해 전문가가 등급을 매긴 것은 우리의 세밀한 연구가 지닌 장점이다. 독자들도 자신이 좋아하는 영웅이나 경멸하는 악당의 심리적 욕구의 비중을 살펴봄으로써 지적 흥미를 발견할 수 있을 것이며, 전문가가 내린 점수에 동의하거나 반대할 수도 있을 것이다. 그다음에 자신의 '일상적' 자아에 대해 등급을 매겨보고, 또한 삶이 고달파지고 자기파괴가 심각하게 떠오르는 때라는 가정하에 '자살하려는' 자신에게 어떻게 등급을 매겨볼 수 있을지 숙고해 볼 수도 있을 것이다.

다음의 장들에서는 세 명의 특별한 사람들, 에릴 윌슨, 베아트리체 베센, 카스트로 리에스(물론 이것들은 실명이 아니다)의 심리적 욕구의 성향에 대해 좀 더 자세히 살펴보고자 한다. 말하자면, 이 세 사람은 이 책에서 '사례 발표'를 하는 주인공들이다. 이 사례들은 8장에서 자살하려는 생각으로부터 구해낼 가능한 방법을 위한 함의들과 함께 합쳐질 것이다.

2장

사랑받고 싶은 욕구
에릴 윌슨의 사례

어떤 사람을 자살로 몰고 가는 욕구와 심리적 고통에 대해 우리가 어떻게 이해하기 시작할 것인가? 사례연구는 심리학에서 오랫동안 존중받아 온 전통적 연구 방법이다. 그래서 우리는 에릴 윌슨의 사례를 자세히 살펴보려고 한다. 그녀는 자기 몸에 불을 붙여 목숨을 끊으려 했던 젊은이다.

그녀의 삶과 죽음은 거의 가늠할 수 없을 만큼 극적이지만, 우리 둘의 상호작용도 그 자체로 드라마였다. 몇 년 전 나는 산악 지방의 꽤 외진 곳에서 자살 예방 워크숍을 진행했다. 점심시간에 한 젊은 여성이 내게 다가와 개인적으로 이야기를 나누고 싶다고 했다.

에릴의 용모는 다소 특이했고 확실히 기억에 남을 만했다. 그녀는 준수한 외모에 그늘이 있었다. 내가 청년일 때 영화배

우였던 창백한 피부에 흑발인 돌로레스 델 리오Dolores Del Rio 를 떠올리게 하는 얼굴이었다. 그녀가 입은 작고 하얀 땡땡이 무늬 파란색 치마는 바닥에 닿을 정도로 길었다. 손목까지 내 려온 소매에는 레이스가 둘러져 있었다. 목에 꼭 끼는 목깃에 도 같은 흰색 레이스 장식이 있었다. 조용한 장소에 앉아 이 야기를 나누던 중 그녀가 목깃을 풀고 소매를 걷었다. 그래서 보게 된 것으로 추정할 수 있었던 것은 그녀의 예쁜 손과 얼 굴을 제외하고는 몸 전체가 벌건 화상 흉터로 덮여 있으리라 는 것이었다. 내가 "무슨 일이 있었나요?"라고 물었을 때 그 녀는 간단히 "내가 몸에 불을 질렀어요"라고 대답했다.

나는 그녀가 자기 사연을 말할 수 있게 테이프 레코더와 몇 개의 테이프를 그녀에게 보내도록 조치했다. 그녀가 그것을 원했기 때문이다. 몇 달이 지났고, 아무 응답이 없었다. 그녀 에게 전화해야겠다고 마음먹었다. 하지만 며칠간은 어느 시 간대이든 전화를 받지 않았다. 나는 불안해졌고, 결국 그 작 은 마을의 경찰서장에게 전화해 그녀의 전화번호를 얻으려고 했다. 너무 놀랍게도 경찰서장은 그녀가 며칠 전에 죽었다고 말했다. 떠나버린 것이다! 그리고 나서 한 주 후에 믿지 못할 일이 생겼다. 발송자 불명의 소포가 배달되었다. 레코더와 녹 음된 테이프 여섯 개가 사후의 선물처럼 도착했다. 그것을 들 으면서 나는 눈물을 흘렸다. 그리고 생각을 가다듬고 나니 에 릴의 핵심 욕구가 양육 의존이었음을 알게 되었다. 그 욕구가 너무나 강해서 그녀 스스로 목숨을 끊게 했던 것이다.

'**양육 의존**'이란 무엇인가? 간단히 말해서 그것은 돌봄받고, 사랑받으며, 양육받고 싶은 욕구다. 그것이 에릴을 일생 동안 얽어맨 주제였다. 그것에 대한 그녀의 갈망, 그것을 얻을 수 없다는 것, 채워지지 않는 욕구로 인한 좌절, 그것을 위해 기꺼이 죽을 수 있다는 마음, 그리고 이 일방적인 욕구에 대한 그녀의 격정적인 해결책이 바로 그런 주제였던 것이다.

양육 의존 욕구란 "다른 사람의 동정 어린 도움을 받음으로써 자신의 욕구를 충족시키려는" 갈망으로 정의할 수 있다. 즉, "지지받고, 지탱되고, 안내받고, 달래지고, 돌봄받고, 위로받고, 보호받으려는" 갈망이다.[9] 한마디로, 사랑받고 싶은 욕구다.

헨리 머레이의 연구에서 양육 의존에 관한 가장 확실한 논의를 찾아볼 수 있다. 그 본문의 출처는 매우 모호하다. 이는 머레이가 **자신이** 천착했던 허먼 멜빌에 관해 1920년대에 쓴 미출간 전기가 그 출처이기 때문인데, 그 원본은 하버드대학의 '머레이 자료보관서고'에 있다. 나는 머레이의 전기를 쓴 포러스트 로빈슨Forrest Robinson[10]에게서 그 복사본을 빌렸다. 다음 서술이 머레이가 정의한 양육 의존 욕구다.

양육 의존 욕구는 마음이 통하고, 신뢰할 만하고, 먹여주고, 사랑하는 지지자를 갈망함[에서 자라난다]. 그 지지자는 (양육 욕구에 의해 움직이면서) 자기가 지지해 주는 대상의 욕구, 즉 음식, 돈, 애정, 손상 회피 등의 욕구를 관리하는 기능을 한다. … 그런 욕구에는 무력함, 무능함, 허망함, 버려짐, 비참함의 느낌들이 동반되며, '지지받지 못할 것이라는 염려'가 동반된다. 이 심리적 추동이 전형적으로 객체화된 것이 훌쩍거림, 도와달라고 외침, 매달림, 동정 애원, 고통과 비참함 과시, 도움과 자비와 관대함에 대한 호소 등이다. 양육 의존은 소극성으로 인한 욕구와 관련되어 의존적인 태도로 이끈다. 많은 경우에 양육 의존 추동은 **친밀 욕구**(기초적 경향, 그 목표는 다른 사람과 우호적 관계를 이루고 유지하는 것)로부터 부수적으로 생긴다. … 양육 의존 욕구는 (수동성의 욕구이기 때문에) 모태에 있을 때 온전한 만족을 얻으며, 어머니의 가슴에서 의존적으로 젖을 빨 때도 거의 만족된다. 그 추동으로 인한 활동이 유아의 건강에 본질적으로 중요하다. 배고프거나, 다쳤거나, 아프거나, 춥거나, 축축할 때 어머니를 부르는 활동이 있어야 하는 것이다. 좌절 경험 때문에 다시 좌절될 것 같은 예감은 그 아이를 어머니의 존재에 의존하게 만들어 어머니가 부재할 때면 불안해하거나, 집에 있지 않는 듯 느끼거나, 버림받은 느낌을 갖게 한다.

가장 원초적인 종류의 지지는 물리적인 것이다. 단단한 땅 terra firma, 넓고 평평한 길, 난간처럼 만질 수 있고, 그 위에 설수 있고, 붙잡을 수 있고, 기대거나 둘러싸일 수 있는 실체가 있는 것이다. 그러므로 양육 의존 욕구의 가장 기초적인 형태는 물리적인 것이어서 '비어 있는 것'에 대한 두려움, 즉 아래나 주변이 열려 있는 공간에 대한 두려움이 동반된다. 지지 상실이나 분리가 아이에게는 극도의 두려움을 자극하는데, 이것은 보편적이다. 하지만 생명의 첫 몇 달의 물리적 지지는 주로 어머니에 의해서, 즉 어머니의 태, 어머니가 감싸는 팔, 어머니의 젖꼭지, 걸을 때 기대는 어머니의 팔, 어머니의 치마와 '앞치마 끈'에 의해서 갖춰지기 때문에 양육 의존 욕구는 주로 인간적인 형태로 나타난다.

모든 심리적 욕구가 동일하게 만들어지는 것이 아니냐고 물을 수도 있지만, 아마도 아닐 것이다. 어떤 욕구는 다른 욕구보다 더 뚜렷한 것처럼 보인다. 내가 생각하기에 애정, 존중, 긍정적 평가, 감탄, 주목을 받고 싶은 욕구들이 그렇다. 특히 그 욕구들이 두려움과 염려로부터 절대적으로 보호받고 안전하고 자유롭고 싶은 욕구와 결합될 때 더욱 그렇다.

에릴 윌슨의 사례에서는 양육 의존 욕구가 있다는 것 자체가 그렇게 문제가 되었던 것은 아니다. 그 욕구가 두드러지고 강렬했으며, 이 특정한 욕구가 그녀의 성격을 형성하는 데 유일하게 중요한 것이었다는 점이 문제였다.

여기에서 우리는 그녀 자신의 말로 그녀의 이야기를 들을 수 있다. 그녀의 세련된 모든 감각에서 탐지할 수 있는 것은 그녀가 작은 마을에서 자라났다는 점과 자기패배적인 기질이 있었다는 점이다. 다음은 그녀의 사후에 도착한 테이프를 글로 푼 것이다(약간 편집하고 소제목을 붙였다). 이 괴로운 회고록을 '제3의 귀'를 가지고 들으면서 그녀의 잘못된 사고에 주파수를 맞추고 그녀의 사적인 세상으로 들어가 보면, 왜 자살이 그녀가 취할 수 있는 행동의 마지막 순서가 되었는지를 이해할 수 있을지도 모른다.

일반적 배경과 이전의 자살 시도

내 이름은 에릴 윌슨이고, 이 테이프는 내가 분신하려 했던 일에 관한 것이에요. 그날 저녁 무슨 일이 일어났는지 기억나는 대로 가능한 한 솔직하게 말하려고 해요. 몇 달 동안, 아마 8월부터 12월까지는 행복하다거나 나 자신에 대해 어떤 좋은 느낌도 정말 없었어요. 내 생각에는 10월에 자살을 시도했는데, 노도즈NoDoz(카페인 성분의 각성제 - 옮긴이)와 아스피린을 과다 복용했어요. 심장이 멈출 거라고 생각했기 때문인데, 그렇게 되지 않았어요. 엄청 기분이 나빴던 게 기억나네요.

나와 함께 지내는 룸메이트가 있었는데, 그 친구에게 "나를 찾지 마. 나중에 내 방에 들어와. 그러면 깜짝 놀랄 거야"라는 메모를 남겼어요. 그 친구가 방에 들어왔고, 물론 나는 죽지 않았고, 그저 아주 아팠을 뿐이죠. 친구는 실제로 나를 위해 정신건강 상담을 예약해 줬지만, 난 왜 갈 수 없는지 유치한

변명을 만들어 한 번도 가지 않았어요.

그러다 보니 12월이 됐는데, 직업이나 인간관계, 개인적 생활 등 제대로 되는 일이 없었어요. 그리고 날 곤두박질치게 만드는 일들이 있었죠. 나와 약혼하길 원하는 남자와 12월 초에 저녁을 먹었는데, 그가 주는 약혼반지를 내가 거절했어요. 그리고 그와 저녁 데이트를 한 번 했어요. 그는 나를 보려고 100마일이나 달려왔죠. 그는 여전히 나를 많이 사랑했어요. 난 그를 사랑하지 않았고, 어느 정도 기분 좋은 저녁이긴 했지만 어떤 점에서는 그때 불행하기도 했어요. 12월 초였는데, 내가 크리스마스 때 집에 갈 수 없다고 그에게 말했어요. 그게 나를 끔찍하게 불행하게 했어요. 그는 나와 함께 크리스마스에 집에 갈 수 있게 일들을 조정하려고 했고, 연휴 동안 나와 함께 있을 생각에 아주 좋아했어요.

하지만 그게 아주 행복한 일은 아니었어요. 내가 일이 그렇게 되도록 만들었지만, 내가 원했던 건 그게 아니었거든요. 그 전에 집에 간절히 가고 싶다고 이미 엄마한테 말했었는데 아주 심하게 상처받았어요. 엄마는 돈이 너무 많이 든다고 계속 말했거든요. 버스비가 30달러나 되는데 그럴 가치가 없다는 거였어요. 내가 2월에 학교에 가려면 어쨌든 집에 와야 하니까 그때까지 기다렸다가 오면 되는데 뭣 하러 그런 낭비를 하냐는 거였어요. 그리고 나는 집에 가서 학교에는 정말 가고 싶지 않다고 엄마에게 설명할 수 없었어요. 그게 첫 번째고요. 그리고 두 번째로, 크리스마스에는 보호받는 환경에서 집에 있기를 바랐던 것뿐인데, 다른 식으로 그렇게 일을 만들어야 했다는 것이 아주 기분 나쁜 거였어요.

아빠의 죽음

불 지른 일의 다른 면도 말해야 할 것 같은 생각이 드네요. 그건 아빠가 죽은 건데요. 아빠가 사고로 가슴에 총을 맞은 건 내가 열여섯 살 때였어요. 내가 아빠를 발견했는데, 12월이었어요. 크리스마스 직전이요. 그 날짜가 그 3년 후 내가 분신했던 때와 거의 같은 날이었어요. 그 둘 사이에 어떤 상관관계가 있는지 모르겠지만요. 내가 아는 건 자살 시도 전에 그때가 적합한 시기라고 내가 자꾸 생각하고 있었다는 사실이에요. 상처가 드러나고 아빠 때문에 기분이 나쁜 때였으니까요. 그 모든 것이 함께 잘 들어맞는 것처럼 보였어요. 아빠가 그때 죽었고 나도 그때 죽을 거다, 그런 거예요.

아빠가 어떻게 죽었는지, 내가 그 일과 어떻게 얽혀 있는지 더 얘기해야겠네요. 분신한 후에 정신과 의사를 만났는데, 내가 사실은 아빠를 사랑했다는 것이 드러났어요. 나는 아빠를 미워했다고 생각했는데 말이에요. 아빠에게 아주 화가 났고, 하지만 아빠는 죽었고, 그리고 내가 아빠를 사랑했다고, 정말로 그렇게 생각한다는 것이 밝혀졌어요. 아빠가 아이의 사랑을 받아들일 줄 모른다는 것을 내가 받아들일 정도로 내가 충분히 성숙하지 못했었다는 거였어요. 아빠도 문제가 있었지만요. 아빠와 나는 아주 사이가 나빴고, 내가 이런 것을 이해하기 전에 끝나버린 거예요.

아빠가 어떻게 돌아가셨는지에 대해서 조금 말하고 싶어요. 이건 꽤 중요하기도 하고, 내가 말하기로 결심하기도 했거든요. 열여섯 살 고등학생 때였어요. 어느 날 아침 일어나서 옷을 입었는데, 아빠가 죽었다는 엄청난 느낌이 그냥 들었어요. 지금 생각해 보니, 아빠가 죽기를 바랐던 건지도 모르겠지만, 그냥 그런 느낌이 들었고, 속으로 아주 불편한 마음이 들고 아주 긴장했어요. 그래서 아빠 방만 빼고 온 집 안을 돌아다녔어요.

엄마와 아빠는 각방을 썼는데, 아빠는 자기 맘대로 들락날락했었어요. 한 번에 이틀이나 사흘씩 나가 있곤 했는데, 어디 갔는지 우린 몰랐고, 그렇게 사라지는 건 흔히 있는 일이었어요. 어디 가는지 물어본 적도 없죠. 그건 우리 일이 아니니까 내버려 두라는 욕만 늘 먹었거든요. 그래서 우린 아빠에게 물으면 안 된다는 걸 안 거죠. 그러니까 그 이유를 모르겠어요, 아빠가 집에 없는 것이 그냥 이상했거든요, 내게는. 그래서 엄마를 깨워서 뭔가 진짜 잘못된 것 같다고 말했어요. 내 생각에는 아빠가 죽었는데 아빠의 방에 있을 것 같다고 말했어요. 엄마는 "바보 같은 소리 마라. 나랑 같이 들어가 보자"라고 했어요. 그리고 그렇게 했어요. 방에 아빠가 있었는데, 피 웅덩이에 가만히 굳어 있었죠.

엄마는 곧장 부엌으로 가서 사람들에게 전화하기 시작했어요. 실제로 무슨 일이 일어났는지 엄마는 확실히 몰랐어요. 사실 아빠가 책상에서 낡은 권총을 닦고 있었는데 그 총이 잘못된 거였어요. 정말로 오래되고 보관도 제대로 되지 않은 총이었어요. 그것이 의자에 떨어져서 의자 팔걸이나 뭔가에 부딪혀서 발사됐던 거예요. 아빠가 총을 잡으려고 하다가 가슴에 맞았고요.

아빠는 즉사했는데, 검시관의 보고에서 우리가 이해한 바로는 자살이 아니었다고 판명됐다는 거였어요. 하지만 아빠는 자살해 버리겠다고 위협하곤 했고, 그걸 자기 여동생인 고모와 엄마에게 말한 적이 있고, 우리 모두 그걸 잘 알고 있었기 때문에, 엄마는 아빠가 자살한 거라고 확신했어요. 고모는 아주 가까이에 살고 있었고, 와서 우리와 같이 있었는데, 서서는 내게 내가 아빠를 죽였고 나 때문에 아빠가 자살했다고 말했어요.

그러기 전 가을에 아빠와 심하게 부딪혔지만, 내가 아빠를 죽였다고 고모가 말한 건 정말로 기가 막혔죠. 말하자면 나한테 덮어씌운 거잖아요. 지금 보니까, 내가 그렇게 믿었든 아니든 간에, 내가 일정 부분 역할을 했다는 것 때문에, 실제로 그런 건지 모르겠지만, 내가 아는 건 그 일 때문에 내가 엄청나게 상처받았다는 거예요. 받아들이기 아주 힘든 일이었어

요. 그러기에는 너무 폭력적이고, 아주 순식간이었고, 너무나
힘든 일이었어요. 그냥 현실이 아닌 것 같았죠.

　그전에, 그 가을에 우리가 벌였던 언쟁은 내가 아빠를 파산
시키고 있다고, 내가 너무 많은 돈을 쓰게 만들어서 더 이상
나를 감당할 수 없다고 아빠가 내게 말한 거였어요. 그 말에
기분이 아주 나빴고, 그래서 집을 나와서 위탁양육 가정에 들
어가 일하면서 고등학교에 다닐 준비를 했어요. 하지만 엄마
가 허락하지 않으려고 했죠. 내가 그냥 집에 있어야 한다고,
내가 이 집 사람이라고 하면서요. 어떤 일이 있어도 떠날 수
없다고 하면서요. 그런데 아빠는 한동안 나를 몰아내려고 애
썼어요. 아이 돌보기라든지 식당 종업원 일을 하면서 번 돈으
로 옷이랑 학용품 등, 내가 알아서 잘 살았는데, 아빠와는 그
때 그냥 사이가 좋지 않았을 뿐이에요. 우리 사이에 문제가
좀 있었지만, 어쨌든 아빠가 나와 대화하려고 하지 않았다는
걸 알아요. 그러다 남은 건 나였고, 아빠는 죽은 거죠.

　그때 있었던 또 다른 일 하나는 아빠가 나를 창녀라고 부른
거예요. 내가, 글쎄, 데이트했다고 헤픈 여자라고 하고, 남자
랑 자면서 돌아다닌다고요. 그런데 사실은 열여섯 살이 돼서
야 겨우 남자애 몇 명과 데이트해 봤지 누구와도 자진 않았어
요. 그리고 생각해 보니까 아빠가 죽은 다음에야 내가 복수한
방법이란 게, 아빠가 12월에 죽었으니까 1월 1일에 확실히 처
녀성을 잃었다는 거죠.

엄마

엄마는 아주 지배적인 사람이에요. 하지만 엄마가 늘 말하는 건, 자기는 사실 그렇게 강하고 싶지 않다는 거였어요. 내 생각에는 그건 말도 안 되는 소리예요. 엄마는 항상 지배하려 들거든요. 늘 공격적이고 아빠가 자신에게 맞서는 걸 내버려 두지 않았어요. 어쨌든 내 생각에 아빠도 문제가 있었고 정말 어쩔 수 없는 사람이었지만요. 그래서 모르겠어요. 오십보백보예요. 솔직히 말하자면, 내가 평가한다면, 아빠에 대해 전부터 잘 아는 아저씨에게 물어봤을 때처럼, 그때 아저씨가 아빠는 아주 좋은 사람이었다고 말했던 것처럼 그런 좋은 면을 내가 알 수 있었더라면 좋았겠다 싶어요. 내가 그런 점을 놓쳤다고 생각하니까요. 엄마가 아빠를 그런 식으로 몰아갔고 그래서 아빠가 슬펐을 수도 있을 거예요.

항상 갈등이 있었는데, 그건 돈 때문이었어요. 엄마는 돈을 가지고 사람을 조종하기를 잘했어요. 돈을 무기처럼 이용했고 아빠는, 아빠는 그저 구두쇠였고요. 아빠는 한 달에 1달러를 던져주곤 그걸 엄청 생색낼 일이라고 생각했어요. 말 그대로 아빠는 돈을 던졌어요. 그냥 아주 잘난 체하는 일이었죠. 엄청 호의를 베푸는 것처럼요. 아빠가 이렇게 애 같았다는 것이 슬플 뿐이죠. 아빠는 지독히도 힘들게 일했지만 인생이 정말로 풀리지 않았고 여러 가지로 참 불행했어요, 아빠 삶은요. 사실 엄마는 아빠 죽음을 절대로 받아들이지 않았어요.

내 생각에는 그래요. 내 말은, 아빠가 죽은 건 모든 면에서 죽었다는 말이에요. 엄마는 아빠를 미워했고, 업신여겼고, 떠나려 했고, 아빠와 싸웠어요. 그런데 아빠가 죽으면서 엄마 발목을 잡은 거죠. 엄마가 아빠를 그전에 떠났다면 깨끗이 떠날 수 있었을 텐데, 갑작스럽게 죽는 바람에 지금은 아빠가 좋아했던 것들에 대한 많은 기억과 아빠가 매달렸던 것들에 자기의 소중한 인생을 걸고 있죠. 그 단적인 예는 엄마가 스스로 고립돼서 멍청이처럼 일한다는 거예요. 그렇게 내내 자기를 고립시키고 엄마 나이에 그렇게 열심히 일하는 게 엄마 건강에 좋지 않을 텐데 말이에요. 그건 잘하는 게 아닌데, 엄마는 그런 식이에요.

아빠와의 격한 대립

엄마는 아빠를 육체적으로는 잘 돌봐줬어요. 늘 아빠 식사를 준비하고 옷을 챙겨줬지만, 많은 점에서 아빠에게 못되게 굴었죠. 한번은 내가 아빠와 심하게 말다툼을 했어요. 그해 초였을 거예요. 내가 열여섯 살 되던 해요. 차를 갖고 싶었어요. 하나 골라놨거든요. 차가 필요하다고 판단했어요. 내가 약간 버릇없어서, 내 짐작으로는요, 내 식대로 하고 싶었어요. 아빠와 그걸 말하는 중에 아빠는 화가 났던 거예요. 눈빛이 변하고 엄청나게 화를 내면서 고함을 질렀어요. "너는 꼭 네 엄마 같구나." 그리고 나에 관해서 그런 나쁜 말들을 했죠.

아빠 눈빛이 너무 변해서 진짜 겁이 났어요. 그냥 나를 죽일 거라는 생각만 들었어요. 그런데 아빠가 내 얼굴을 때렸어요. 아빠가 운전하는 중이었는데, 내가 차에서 내리려고 했지만 그러질 못했어요. 아빠가 날 내리지 못하게 했거든요.

그런데 때리고 나서는 아빠가 갑자기 차분해졌어요. 저절로 그렇게 됐어요. 그냥 아빠가 편안해진 것 같았어요. 화, 뭐 그런 거 풀고는 계속 미안하다고 했어요. 그런데 그때 내가 막 신경질을 내고 울면서 그냥 난리를 쳤어요. 어떻게 나를 때릴 수가 있느냐고, 점점 더 화를 내면서요. 아빠는 엄마에게 말하지 말라고 계속 애원했지만, 물론 나는 다 말했죠. 집에 곧장 달려가서 엄마한테 말했고, 엄마는 새벽 서너 시까지 아빠한테 고함을 질러댔어요. 아무것도 아닌 일 가지고 어떻게 애한테 그런 어리석은 짓을 할 수 있느냐고 하면서요. 엄마는 훨씬 전에 있었던 일, 몇 년 전에 일어난 일까지 계속 들추고 마음에 담아두곤 했어요. 이런 게 엄마가 아빠를 대하는 방식이었죠. 엄마는 믿을 수 없을 정도로 싸움을 잘했어요. 그냥 추잡한 싸움이었어요. 아빠가 방어하면, 방어한 적이 많았지만, 아빠도 똑같이 지독했어요. 엄마에게 온갖 지저분한 욕을 해댔거든요. 그러니까 슬프다고 할 수 있는 상황이었죠. 그래서 인정할 수밖에 없어요. 아빠가 죽은 다음, 어느 정도 지나고 나서, 그것에 대한 느낌은 그것이 어떤 점에서는 아빠를 위해 낫다는 것을요. 아빠의 비참함이 끝났으니까요.

묘지와 죽음

몇 년 전에 엄마와 시골에 갔어요. 짐작하기에 내겐 묘지에 관한 뭔가가 있어요. 오래된 묘지가 정말 좋아요. 이건 주로 아빠와 관계있는데, 나한테는 그게 뭔가 끌어 모아놓은 것 같았거든요. 그 일은 내게 실제로 중요했어요. 우리는 그 오래된 묘지에 있었는데, 그 묘지가 흥미롭고 특이했던 건 아주 오래됐다는 거였어요. 십자가가 나무로 만들어졌고, 그래서 썩어가고 있었고, 산들바람에도 흔들거렸어요. 그래서 그냥 정말 근사하게, 진짜로 좋은 고전적인 묘비로 보였어요. 데이지 꽃들이 만발했고 풀들은 무덤 위로 길게 자라나 있었고요. 산들바람이 부는데, 그 바람과 생명의 소박함이 아주 인상적이었어요. 죽음의 이 부분의 소박함이 그냥 인상적이었죠. 멋지다고 생각했어요. 그러고 나서 멀리 그 묘지에서 새로 생긴 부분을 바라봤는데, 거기는 벌초가 돼 있었어요. 관리가 잘돼 있었고 풀이 짧게 다듬어져 있었는데, 아주 부자연스럽고, 아주 잘못된 것처럼 보였어요. 그리고 계속 생각했죠. 이런 오래된 무덤에는 결국 그렇게 해줄 사람이 없겠구나 하는 생각이 들었어요. 사람은 살아서 통제하려고 하듯이 죽음이 올 때도 통제하려고 하는 것 같아요. 자기의 죽음을 통제할 수 없을지라도 다른 사람의 죽음에 관한 우리 느낌을 우리가 통제하려고 하잖아요. 신이든 누구든, 다들 말하는 자연이든, 어머니 자연Mother Nature,* 이라고 말할게요, 어머니 자연이든,

그 자연이 넘겨받을 수 있었을 때는 자연이 그것을 훨씬 더 잘 말해줄 수 있었죠. 그것을 우아하고 품위 있게 할 수 있었고, 삶과 죽음이, 땅에서 이 몸이 새로운 생명을 창조하고 하나로 만드는 이 순환이 일어나게 할 수 있었어요. 그건 완벽한 순환이었어요. 그런데 풀이 깎인 것을 보면 그건 거의 슬픔이었고, 거의 죄책감이었어요. 사람들이 매달려 있어야 하는 것과 거의 같았어요. 사람들이 무덤을 다듬으며 통제해야 하는 이유는 그래야 자기가 여전히 마음 쓰고 있다고 말하는 셈이 되니까요. 제가 생각하기에는, 우와, 그러니까, 그 사람들은 이들이 죽게 내버려 두지 않아요. 삶과 죽음의 순환을 완성하게 내버려 두지 않는 거죠. 그리고 그것을 아빠한테 대입해서 생각해 봤어요. 아빠는 다시 흙으로 돌아갔고, 그건 괜찮은 일이에요. 그래서 결국은 그것에 대해 기분이 좋아졌고, 그건 괜찮았어요. 그건 내가 절대로 바꿀 수 없는 일이었고, 바꾸고 싶지 않은 일이었고, 후회하지 않는다는 거죠. 그건 이미 일어난 일이고, 나는 이제 그걸 받아들여요.

그 일이 있던 날

이런 기억이 그 일이 있었던 날로 나를 데리고 가는 것 같

---

* 보통 '대자연'이라고 번역되지만, 여기서는 'God Father'와 대칭되는 개념으로 'Mother Nature'를 그대로 번역했다.

네요. 내 기억으로는 그 주에 아주 불행했어요. 제대로 되는 일이 없었죠. 할 일이 없었고, 아주 추운 날들이었다고 생각되네요. 돈도 없었고요. 도와주는 친구도 하나 없었어요. 그 애들과 잘 지내는 편도 아니었지만요. 그래도 사실 싸우지는 않았거든요. 친구가 여럿 있었지만, 내 생각에 그 애들이 그냥 나하고 있을 시간이 없는 듯 보였어요. 그래서 속으로는 아주 속상했죠. 그때 죽고 싶은 간절한 마음에 내가 짓눌렸나 보다 생각되네요.

그리고 두세 달 정도 이 죽음을 놓고 씨름했던 것 같아요. 계획하고, 계획하고, 또 계획했어요. 물론 10월 초에 시도한 것은 제대로 안 돼서, 그냥 계획했던 일들에 추가됐을 뿐이고요. 내가 죽지도 못한다는 것에 훨씬 더 좌절했죠. 그런데 내가 몸에 불을 붙이면 된다는 생각이 마음을 뚫고 들어왔어요.

신문 어디선가 베트남 사람들은 분신해 자살한다는 것을 읽은 적이 있었거든요. 그러면 죽는 것이 확실해지죠. 그래서 그 방법을 써야겠다는 마음이 들었던 것 같아요. 그런 생각이 든 이유에는 그렇게 하는 것이 틀림없다는 걸 내가 알았기 때문도 있고요. 살아날 일이 전혀 없는 방법이니까요. 그러니까 이것이 내가 결심한 이유고, 어쨌든 그 방법을 자꾸 생각했어요. 그게 내가 생각하고 또 많이 생각했던 거예요. 실제로 날짜를 골라놓은 것은 전혀 아니었지만요. 그냥 기다리고 있었다고나 할까요.

그날

그날 내가 아침 일찍 일어나진 않았을 거예요. 그때까지 가지고 있던 것을 다 모았어요. 책, 옷, 내 물건, 내 것들, 자잘한 잡동사니, 내가 모았던 장신구, 그림 몇 장과 도자기 제품 몇 개, 나한테 의미 있는 것들을요. 모든 것이 다 준비됐고, 내 기억에는 나중에 오후에, 모든 것이 잘 들어맞았어요. 눈물이 좀 났지만, 그냥 삼켜버릴 에너지는 있었던 것으로 기억해요. 뭔가 할 수 있는 에너지가 있었어요. 제대로 움직일 수 있었어요.

이 모든 일이 일어난 건 저녁 무렵이었어요. 무척 속상했지만 울지는 않았어요. 아무런 행동도 하고 있지 않았어요. 사실 기분이 아주 좋지 않을 뿐이었어요. 나는 기분이 엄청 나쁘고 나 스스로 슬펐고 내게 아주 미안했어요. 그냥 아무 일도 없었고요. 아무것도 하지 않고 있었어요.

전 남자 친구

그러고 나서 여섯 시에 바로 이 여자, 브라운 아줌마한테서 전화가 왔어요. 술을 좀 마신 것 같았어요. 나와 관련된 걸 말하자면, 전 남자 친구의 엄마예요. 실제로 그때는 그를 남자 친구라고 여겼고, 그를 온통 신경 쓰고 염려하면서 그가 나를 많이 사랑해 주기를 원한다고 생각했지만, 그는 그러지 않았어요. 그는 그때 스물여섯 살이었고, 나는 열아홉이었어요.

그는 당시에 풀타임으로 학교를 다녔는데, 풀타임 직업도 있었어요. 그가 나를 어느 정도 웃음거리로 만들었어요. 날 이용했고, 성적으로, 그리고 다른 것으로도 착취했던 거예요. 그에게 잘해줬다고 생각해요. 모든 것을 줬어요, 내 모든 느낌, 모든 희망, 모든 갈망, 모든 꿈을요. 그런데 그는 그걸 비웃은 셈이었어요. 이용해 먹고 가버렸던 거죠. "원래 그런 거야. 자기야, 그게 인생이야. 어떤 사람들은 받고 어떤 사람들은 주고, 그런데 너는 주는 사람이고 나는 받는 사람인 거지." 그때는 내가 정말 어떻게 해야 할지 몰랐어요. 나는 아주, 아주 마음이 상하고 너무 분하고 쓰라렸지만, 그래도 그를 아주 간절히 원했어요. 12월 이 무렵에는 그가 다른 여자들과 만난다는 걸 잘 알고 있었지만, 그가 더 이상 날 신경 쓰지 않는다는 것이 마음에 새겨지지가 않았던 거예요.

마지막 지푸라기

그날 저녁 그의 어머니가 전화를 해서는 그에게 어떤 여자친구가 준 크리스마스 선물에 대해 얘기하고 또 얘기했어요. 금시계였는데, 그가 아주 감동받았고 여태껏 받은 선물 중에서 가장 멋지다고 생각한다는 거였어요. 그때 내 머리를 스친 것은 내가 아주 관대한 사람이라서 거의 어떤 사람에게라도 상대가 행복해할 것 같으면 그게 무엇이든 그걸 주려고 했다는 거였어요. 잘했다고 느낄 만한 거라면 어떤 거라도, 나 자신의 어떤 것이든 주는 사람이라는 생각이 든 거죠. 그래서 그에게 아주 좋은 크리스마스 선물을 주고 싶었어요. 마음 깊이 목표가 정해졌죠. 그건 오디오였어요. 그걸 주고 싶었어요. 물론 나는 돈이 없었고, 아니 거의 없었고, 겨우 버티는 정도였거든요. 그게 전부였어요. 가진 게 없었어요. 어쨌든 오디오를 사주는 걸 사실상 생각해 볼 수 없다는 것, 그게 정말로 마음을 찢어놨죠.

하지만 정말로 돈이 모자라서 아주 의미 있는 어떤 것도 사줄 수가 없었어요. 그래서 그에게 〈잘 자, 내 사랑Good Night Sweetheart〉이라는 레코드판을 사줬는데, 그건 어쨌든 나한테는 의미가 좀 있었어요. 아주 슬픈 음반이었지만, 내가 줄 수 있었던 건 그게 다였어요. 그때 난 그것이 그의 관심을 전혀 끌지 못할 거라는 걸 알았어요. 그런데 브라운 부인이 이 시계에 대해서 자꾸 얘기했어요. 얼마나 멋지고 자기 아들이 어떻게 감동했는지, 그만큼 그가 그 여자를 아주 많이 생각한다고 계속 얘기했어요.

나는 전화기에 대고 흐느끼기 시작했어요. 나 자신 때문에 흐느끼면서 내가 정말 아무것도 아니라고 느꼈어요. '나는 정말로 줄 게 없네. 경쟁할 방법이 없구나. 그 녀석과 사랑을 나눌 수 없어.' 나는 그냥 아주 마음이 아파서, 아주 속상해서 흐느끼기 시작했어요.

결국 아줌마도 내가 아주 속상해한다는 것을 눈치 챘죠. 그래도 나는 말을 못 했고 아줌마는 계속 말하면서 뭐가 잘못됐냐고 물었어요. 그러면서 말했죠. "그럼 우리 집에 오지 않겠니? 그러면 기분이 좋아질 거야. 오려무나. 네가 울지 않으면 좋겠다." 나는 말했어요. "아, 아니에요. 다 괜찮아질 거예요." 그리고 어느 정도 마음을 가다듬었어요. 그렇게 결국 대화가 끝났죠.

그런데 거의 곧장 아줌마는 남편을 시켜서 내게 전화하게 했어요. 아저씨는 자기가 내게 붙여줬던 애칭으로 날 불렀었는데, 어떤 면에선 귀여운 작은 분이었어요. 아저씨는 내가 속상했다는 것을 알고 내게 제발 집에 오라고 했어요. 아저씨 마음을 편하게 해주려고 나는 확실하게 말했죠. 십오 분이면 괜찮아질 거라고요.

그건 낙타 등을 꺾어버린 지푸라기 같았어요.* 충분히 많은 짐들이 날 누르고 있었는데, 정말 그걸 어떻게 다룰지 몰랐어요. 그게 내가 감당할 수 있는 전부였어요. 그냥 꽉 찼어요. 내가 듣고 싶었던 말은 더 이상 없었죠. 보고 싶은 것도 더 이상 없었고요. 더는 살고 싶지 않았고, 빠져나갈 수 있는 유일한 길은 죽음이라는 걸 알았죠. 이때 결심했는데, 저녁

---

* 낙타 등에 지울 수 있는 짐 무게가 한계에 이르면 지푸라기 하나 정도만 더 얹어도 낙타 등이 꺾인다는 의미로, 부정적인 감정이 참을 수 있는 한도 이상이 되면 그 감정을 감당할 수 없어 무너지거나 폭발한다는 의미로 사용하는 관용어다.

여섯 시쯤이었어요.

방해될 건 아무것도 없었어요. 어떤 식으로든 내 발목을 잡을 사람이 아무도 없었죠. 마음을 바꿀 게 없었어요. 이걸 해야 하는데, 라고 망설이게 만드는 게 없었어요. 나일론 목욕가운을 입고 있었는데, 그건 내 옷들을 망가뜨릴 순 없다는 생각이 들었기 때문이에요. 그건 아주 이기적인 것이 될 테니까요. 분명 나 말고 다른 사람이 그 옷들을 입을 수 있을 텐데, 남이 그걸 입은 걸 내가 볼 수는 없으리란 건 알았지만요. 다른 사람이 쓸 만한 것들을 망칠 수 없었어요. 그래서 나는 아주 얇은 나일론 목욕가운과 브래지어, 팬티를 입고 오래된 신발을 신었어요. 밖이 꽤 추웠기 때문에 코트를 입었고요.

친구들

몇 블록 떨어진 곳에 사는 친구 집에 전기 토스터기를 돌려주러 가야 했어요. 그래서 차를 타고, 그때 1갤런짜리 유리 주전자를 들고 토스터기와 같이 가지고 갔어요. 기억나는 건 몸이 떨렸다는 거예요. 그 주전자를 들고서요. 조금 무서웠던 것 같아요. 결정을 내려서 약간 긴장하고 있었던 거죠. 겁났던 거예요. 꼭 해야 할 것 같았죠. 어떤 식으로든 그럴 수밖에 없이 몰렸고, 완수해야 한다는 걸 알았던 거죠.

그래서 토스터기를 친구 집에 가져갔는데, 그 애들이 다 집에 있었어요. 나는 그냥 걸어 들어갔고 집 안을 통과할 때쯤 다시 흐느끼고 있었던 게 기억나요. 친구들은 내게 한마디도 하지 않았고요. 네 명 정도가 집에 있었던 것 같아요. 나는 그저 쭉 들어가서 식탁 위에 토스터기를 놓고 곧장 나왔어요. 아무도 내 팔을 잡지 않았고, 아무도 무슨 일이냐고 묻지 않았어요. 심지어 아무런 몸짓도 없었어요. 그래서 이렇게 끝이라는 생각에 훨씬 더 속상해졌죠. 그때를 생각해 보면, 내가 실제로는 손을 내밀고 있었던 거였거든요. 말을 하고 있었던 거였어요. "애들아, 정말로 속상해. 사실 난 문제가 있어. 도와줘." 그런데 그때 아무도 반응하지 않았던 거예요.

차에 돌아가서 그 어느 때보다 훨씬 더 외로웠던 게 기억나요. 내 친구들이었는데, 이들조차 관심이 없고, 내 슬픔을 함께하길 원치 않았으니까요. 어떤 것도 알려고 하지 않았으니까요. 내가 행복했을 때는 괜찮았어요. 하지만 내가 슬퍼해도 다를 것이 없었고, 그들은 내 생각, 느낌이 어느 정도인지 알아차리지 못했던 거죠.

그러고 나서 주유소로 가서 휘발유 1갤런을 샀어요. 아무 질문도 안 받았어요. 그 휘발유를 차에 싣고 내 아파트로 와서 주차했죠.

그 사건

그때 천천히 움직였던 것 같아요. 정말이지 빠르게 움직이진 않았고요, 몸이 움직이는 게 아니었어요. 거의 슬로모션으로 움직이는 것 같았어요. 내가 이러기로 마음먹은 거였고, 슬픔이라든가 가슴을 찢었던 것들에 대해 생각했는지는 기억 나지 않네요. 생각한 건 무언가 끝이라는 생각 같은 거였어 요. 나는 이미 없어. 더 이상 상처받지 않을 거야. 좋아질 거 야. 이게 나를 충만하게 해줄 테니까. 나는 강해질 테고, 뭔가 해낼 수 있어. 많은 것이 머리를 스쳐 지나갔지만, 그때 흐느 꼈다는 기억은 없어요. 그런 식으로 나는 더 이상 속상해하진 않았어요. 눈물로 마음을 풀진 않은 거죠.

아주 잠깐 차에 앉아 있었던 것으로 기억하는데, 멍하니 있 었던 셈이에요. 많은 걸 생각하고 있었던 것 같진 않고요. 그 렇지만 마음은 아주 차분해졌어요. 기분이 아주 좋았어요. 내 몸에게는, 쉿 조용히 해, 괜찮을 거야, 라고 하는 것 같았죠.

그러고 나서 휘발유를 먼저 앞좌석에 부었던 걸로 기억해 요. 그다음에 뒷좌석에 붓고, 그냥 뿌렸어요. 물론 몸에 많이 부었죠. 그리고 그 통을 의자 위에 놓았어요. 그다음에 성냥 을 꺼냈는데, 그때도 그 일 때문에 올 고통에 대해서는 아무 런 생각이 없었어요. 그 비참함과 아픔은 전혀 생각하지 못했 죠. 지금 생각하면 놀라워요. 불에 타는 게 실제로 아플 거라 는 생각을 못 했다는 게요. 그런 생각이 전혀 들지 않았거든 요. 그냥 좋은 느낌이었어요. 사실, 내가 평안하다고 느낀 거, 내면에 상처받지 않은 건 그때가 처음이었어요. 때때로 그전 에는 내가 칼에 찔려서 피가 흐르고 있는데 사람들은 피 흘리는 나를 그냥 보고만 있고, "하하, 그게 네 문제야"라고 말하면서 거의 비웃고 있는 것처럼 느꼈었거든요. 이번만은 내가 내 문제에 신경을 쓴 것처럼 보였어요. 아무도 내 곪은 데를 더 이상 관찰할 필요가 없게요. 내 고통은 그냥 사라져버릴 테니까요. 그런 고통은 더 이상 존재하지 않을 거고, 특히 내 마음의 아픔은 없어질 거였으니까요.

성냥갑을 열고 하나를 그었는데 불이 붙지 않았어요. 휘발유에 젖었거든요. 그래서 조금 웃었던 것 같아요. '음, 다른 걸로 해야겠네'라고 생각하면서. 그리고 기억나는 건 내가 아주 천천히 두 번째 성냥을 그었다는 거예요. 제대로 그어졌고 불이 붙었어요. 순식간에 불이 붙었는데, 그냥 엄청나게 폭발하듯 집어삼키는 소리가, 끔찍하게 큰 소리가 났어요. 불길이 솟구치는 듯했어요. 그건 내 몸을 아주 무겁게 누르는 압력 같았고, 곧바로 고통스러워졌어요. 그냥 웅크리는 것처럼 갑자기 휘감는 느낌이었어요. 화상 흉터를 지금 보면 내가 거의 보호 자세로 몸 전체를 구부린 게 틀림없어요. 그런데 그 고통은 믿을 수 없을 정도였죠. 그냥 몸 전체에 닥쳤어요. 그건 정말 열과 화염으로 갑자기 압박하는 거였어요. 정말 아팠죠. 그 소리가 정말 컸어요.

숨을 참았던 기억이 나요. 휘발유 냄새를 견딜 수 없었거든요. 그래서 숨을 참았는데, 그래서 내가 살아났다는 걸 알고 있어요. 폐가 탔다면 죽었을 테니까요. 숨을 참았던 건 휘발유 냄새를 참을 수 없었기 때문이거든요. 그래서 열이 밀려드는 걸 막아낸 셈이죠. 그런데 두 번째로 열이 휘감는데, 한 번 휘감고 나서 몇 초나 흘렀는지 모르겠지만, 두 번째로 밀려왔을 때, 아, 하느님, 아, 하느님, 이번 고통은 그저 아주 관대했어요[원문 그대로임 - 지은이].* 더 이상 견딜 수가 없어서 겨우 문에 닿아 몸으로 힘껏 밀었어요. 그 순간에는 전혀 편하지 않았고 아주 극심하게 아팠으니까요. 하지만 부르짖었다는 기억은 없네요. 내가 비명을 질렀다는 생각은 들지 않아요. 고함쳤다고도 생각하지 않아요. 차가 그렇게 불붙은 소리 말고는 고요했어요. 그 소리가 굉장히 요란했거든요.

다음 일

길 건너에 두세 명이 있었는데, 차에 불붙는 걸 보고 달려왔어요. 그랬던 것 같아요. 나는 그들을 보지 못했으니까요. 그들이 달려들어서 문을 잽싸게 열었어요. 두 번째 열이 휘감을 때였는데, 나를 잡아당겨서 최대한 빠르게 땅 위에 굴렸어요. 그들이 고함을 지르면서 엄청 흥분했던 게 기억나요. 나를 땅 위에 굴리는데, 차가웠고 축축했고 겨울다웠어요. 이때 옷을 많이 입고 있지 않았거든요.

---

* 원문 표현은 'magnanimous'로, 상황에 어울리지 않는 단어라고 판단해 지은이가 표시해 놓은 듯하다.

그리고 내 몸을 내려다보고 아주 충격을 받은 것이 기억나요. 피부를 봤는데, 피부막이 팔과 가슴에서 떨어져 나간 게 보였거든요. 거대한 삼각형처럼 보였어요. 불에 데어 파이 껍질처럼 몸에서 떨어져 말려들어 간 피부는 거의 노랬어요. 곧바로 그 사람들이 말했죠. "끔찍한 사고네. 끔찍한 사고야"라고요. 나는 고함을 지르고 있었어요. "아니야, 난 죽고 싶다고. 죽고 싶어." 그들이 그런 말을 해서 절망스러웠거든요.

곧장 구급차가 오고 경찰도 왔어요. 그들이 나를 들것에 싣고 병원으로 옮긴 게 기억나고요. 그들에게 농담하려고 했던 것도 기억나요. 그 사람들이 아주 암울해 보여서요. 그다음엔 그냥 기절했던 것 같아요.

슬픈 후기

그녀는 병원에 여러 달 입원했다. 피부이식 수술을 여러 차례 받았다(수술할 때마다 전신마취를 해야 했다). 수많은 물리치료를 받고, 병원 소속 수녀도 한 번 만났다. 수녀는 그녀가 목숨을 스스로 끊으려 한 죄를 지었다며 질책했다.

그녀는 스물두 살에 세상을 떠났다. 분신한 지 약 3년 뒤에 독감으로 병원에 입원했다가 잠자던 중 일어난 자연사였다. 사망진단서에 적힌 사인은 심근경색으로 인한 울혈성 심부전이었다.

　시신은 고향으로 옮겨졌고, 그녀의 어머니가 화장했다.

에릴 윌슨의 욕구

　에릴 윌슨의 심리적 욕구라는 측면에서 볼 때, 이 모든 건
어떤 의미일까? 그녀 자신의 추론과 그녀의 욕구 성향이라는
측면에서 볼 때, 우리는 그런 필사적인 행동을 어떻게 이해해
야 할까? 그녀 진술을 읽으면서 뚜렷해지는 욕구는 양육 의
존, 친밀, 공경, 비하, 양육이다. 간단히 말해서, 그녀는 사랑
받기를 갈망하며 수용과 애정을 위해서라면 거의 어떤 것이
든 하려고 덤비는 사람이다. 우리는 앞 장에서 본 심리적 욕
구 20가지의 가치를 점수화하는 방법을 사용해 그 욕구들이
어떻게 에릴의 성격을 형성했는지 살펴볼 수 있다. 중요한 것
은 어떤 욕구가 우세했는지 보는 것이다. 그녀의 말을 통해
감지할 수 있는 것은 그녀가 사랑과 관심에 대해 아픔을 느끼
는 수동적인 여성이었다는 점이다. 그녀 친구들은 아무것도
하지 않았다. 그녀가 흐느끼며 (표면적으로는 토스터기를 돌려주
려고) 그들을 방문했을 때 말이다. 그것이 그녀에게 말해준 것
은 그녀를 다른 사람과 묶어주던 끈이 끊어졌고 이 세상에서
희망 없이 자기 혼자라는 사실이었다. 심지어 그녀는 주유소

직원이 자기 마음을 마술사처럼 읽어내 왜 휘발유 1갤런을 사는지 물어볼 것이라는 환상을 품는다. 무시되고 인정받지 못하며 이루어지지 않은 그녀의 욕구들이 그녀의 자살 시나리오의 바탕이 되었다. 그 욕구들이 그녀의 생명에 매우 중요했기 때문이다.

그녀 죽음의 중심에 있던 심리적 욕구 세 가지를 간단히 정의하면 다음과 같다.

- **양육 의존**: 다른 사람에게서 동정 어린 도움을 받음으로써 만족하는 것. 지지받고, 지탱되고, 안내받고, 달래지고, 돌봄받고, 보호되고, 사랑받는 것.
- **공경**: 더 우수한 사람을 숭상하고 지지하는 것. 다른 사람을 찬양하고, 존경하거나 칭송하는 것. 다른 사람의 영향력에 굴복하는 것. 모범이 되는 사람을 모방하는 것.
- **양육**: 다른 사람의 욕구를 만족시키는 것. 다른 사람을 먹여주고, 도와주고, 위로하고, 보호하고, 위안하고, 돌봐주는 것. 양육하는 것.

에릴이 토스터기를 돌려주러 왔을 때 친구들이 그녀에게 말을 걸었더라면 어땠을까? 그때 그들이 술에 취했거나 마약을 했던 것이었을까? 그녀가 전에도 이런 식으로 몇 번 시도한 적이 있었을까? 그녀의 진술은 정확한 것일까? 그 후에 정신치료를 받을 기회가 있었더라면 어땠을까? 치료자가 그녀의 욕구를 살핌으로써 그녀의 자살하려는 생각에 접근할 수 있었을지도 모른다. 치료자가 에릴에게 직접 사랑을 제공해 줄 수는 없었을 테지만, 흥미로우나 주제를 벗어난 세부 사항에 주의가 분산되는 것을 피하고, 에릴의 핵심 욕구인 양육 의존, 애정, 지지 욕구에 초점을 맞출 수 있었을 것이다. 이 욕구를 탐구함으로써, 에릴이 사랑에 지나치게 매달려 생명을 위협하는 자기 욕구들의 근원과 내용을 자신의 총명하고 민감한 정신을 통해 창의적으로 검토하면서 생명을 지탱하게 해주었을 수도 있다.

에릴에게 정신통의 역할과 죽음의 평화에 대한 유혹은 명확해 보인다. 그러나 어떤 심리적 측면들은 그다지 분명하지 않다. 묘지에서 그녀가 사색한 것들이 핵심이다. 그곳에서 그녀는 선하고 중립적이며 확고한 땅을 갈망한다. 그리고 우리는 **대지**terra firma를 양육 의존의 핵심이라고 보는 머레이의 논지를 상기하게 된다. 우리는 (흠 있는) 부모에게서 사랑받고 보호받고 싶은 그녀의 갈망 안에서, 특히 크리스마스에, 안정에 대한 그녀의 욕구를 본다. 그리고 남자 친구에게서 사랑받고 인정받고 싶은 그녀의 열망에서도 그녀의 안정 욕구를 본다. 양육 의존에 대한 기초적인 그 욕구는 사라지지 않을 것이다. 그녀는 깊은 땅의 평화, 삶과 죽음이라는 자연의 순환의 질서, 위대한 자궁의 피난처를 원한다. 그리고 그녀를 태

워 죽이려는 불이 말 그대로 그녀를 집어삼켰을 때, 그녀를
놀라게 하고 속상하게 한 것은 바로 그 시끄러운 **소리**였다.
그녀는 돌보는 사람 없는 묘지를 감싸는 고요를 추구했지만,
타오르는 불의 굉음에 완전히 배신당함을 느꼈다.

2부

자살 심리학

The Psychology of Suicide

"열 살 때 나는 세상의 공포에, 말하자면 '눈을 떴어요'. 아동기의 천진함에서 나와서 삶의 어두컴컴한 쪽으로 곤두박질친 거죠. 나는 내가 심한 고통에 취약하다는 걸 알았고, 우리 가정이 깨질 걸 예상했고, 가족으로부터 멀어지기 시작했어요. 그때 엄마와 아빠는 이혼할 거라는 걸 더 이상 부인하지 않았고, 나는 둘의 결별이 내게 영향을 미치지 않도록 충분히 거리를 뒀어요. 오빠는 울며 소리쳤지만, 나는 그저 오빠가 약하다고 생각했어요. 나는 친구들에게 빠져들었고, 날 지지해 주는 가족의 힘은 무시해 버렸어요."

3장

단서와 위축

간접적 자살과 재촉된 죽음

1950년에 로스앤젤레스 자살예방센터Los Angeles Suicide Prevention Center에서 시작한 심리적 자살예방개혁에서 독보적으로 가장 중요한 성과는 자살 이전의 **단서**들을 발견한 것이다. 이로써 자살 예방을 위한 개입 전략이 가능해졌다. 단서란 관찰할 수 있고 우리가 주로 관심이 있는 일보다 앞에 있는 것들을 말한다(그래서 어떤 점에서는 그 일을 예보해 준다). 단서는 선도자인 셈으로, 병이나 자살, 기타 참사 등 대단히 심각한 사건이 다가오고 있음을 일러준다. 이런 '단서들'의 전문적인 동의어로 임상에서도 사용할 수 있는 용어에는 '전조증상premonitory signs' 또는 '전구前驅증상 지표prodromal indices'가 있다. 이런 것들은 어떤 사건 전에 그림자를 드리우며 사전에 경고하는 역할을 한다.

내가 자살을 연구하기 시작할 때부터 분명한 것처럼 보였던 단서는 두 종류다. 말로 남기는 단서와 행위로 남기는 단서가 그것이다. 일반적으로 말로 남기는 자살 단서란 어떤 개인이 하는 진술로서, 그 사람이 자기를 가까운 장래에 근처에서 볼 수 없으리라는 작별 인사를 간접적으로, 어쩌면 직접적으로 하려고 하는 것으로 해석될 수 있다. "나는 내년에 여기 없을 거야", "내가 네 사무실에 마지막으로 온 거야", "넌 날 다시 보지 못할 거야", "나는 더 이상 참지 않을 거야" 등이 그런 단서다. 자살에 들어 있는 이상한 역설 하나가 바로 그 사람이 단서를 남기는 일을 **한다**는 것이다. 그것이 어쩌면 고통을 멈추려는 욕구와 더불어 간섭받고 구조되고 싶은 소원 사이에 있는 가장 깊은 곳에 있는 양가감정의 일부일 수 있다. 아무튼 이런 말의 단서는 가면을 쓰거나 암호화되거나 수수께끼처럼 남겨지는 경우가 많다. 우리가 이 장 뒤로 가면서 보게 되겠지만, 그 반대 역시 사실이다. 목숨을 끊는 사람 중에는 치명적인 자기 의도를 숨기고 어떤 암시를 드러내지 못하는 사람도 있다. 최고의 규칙은, 만일 환자든 동료든 친구든 가족이든 어떤 사람이 (삶과 죽음에 관해) 알 수 없는 말이나 수수께끼 같은 말을 한다면, 그 말이 무슨 의미냐고 묻는 것이 가장 좋은 반응이라는 것이다. 그렇게 묻고 나서 자살 의도가 조금이라도 의심된다면 "지금 자살에 관해 말하고 있는 거니?"라고 직접적으로 물어야 한다.

자살의 행위적 단서는 잠재적 구조자가 풀어야 할 또 다른 종류의 문제다. 이런 단서가 어떤 개인이든 긴 여행을 갈 예정이라면 할 만한 하찮은 행위이기 때문이다. 그런 단서에는 갑자기 할 일을 정돈하거나, 서류를 정리하거나, 유언을 작성하기로 마음먹는다거나, 특히 이상하게도 소중한 물건을 줘 버리거나 되돌려 주는 식으로 아주 분명한 행동들도 있다. 에릴이 눈 오는 밤에 토스트기를 돌려준 것은 토스트기가 그녀에게 더 이상, 영원히 필요하지 않으리라는 것을 가리키는 그녀의 방식이었다. 당신은 어떤 행동이 너무도 명백하게 나타날 것이라고 생각할지 모른다. 그러나 실제 사례가 있다. 한 의과대학생이 (단안현미경만 가지고 있었던) 같은 학년 친구에게 자신의 쌍안현미경을 주겠다고 했다. 그 학생은 고마워하며 그것을 받았지만, 다음 날에 그는 그것을 준 학생이 그날 밤 목매달아 자살했다는 것을 알게 되었다. 아무 생각 없이 "와, 고마워"라고 하는 대신에 "무슨 일 있니?" 또는 "왜 주려고 하니?" 같은 간단한 질문이 속마음을 털어놓게 함으로써 그 생명을 구할 수 있게 했을 수도 있다(도대체 의과대학에서 누가 현미경을 줘버리겠는가?).

어떤 병원의 높은 발코니에서 뛰어내린 한 젊은 여성은 (목숨을 건진 뒤 그 일에 관해 이야기했는데) 자기가 짧은 병원 가운만 입고 지면에서 높고 좁은 강철 난간 위로 한 병동에서 다른 병동으로 걸어가면서 "그 건물 전체가 유리로 되어 있기 때문에 누군가 나를 저 모든 창문 밖으로 보기를 바라고" 있었다고 말했다.

내가 언급하는 행위들은 보통 **우울증**과 관련해 언급되는 것들, 가령 수면장애나 섭식장애 같은 것이 아니다. 이 책에서 강조하려는 것은 자살 행동과 관련한 심리적 측면이다. 가령 (암호화되거나 가장된 방식일지라도) 자살에 관해 말하고 싶은 충동이라든지, 마치 자기가 사라질 예정인 것처럼, 그래서 시계나, 펜, 스웨터, 보석류, 토스터기, 사냥총, 현미경 등이 자기에게 필요 없을 것처럼 실제로 행동하는 것의 심리적 측면에 관한 것을 말하려는 것이다. 우리는 어떻게 이런 것을 모두 아는가? 이런 단서는 자살을 행한 사람의 '심리부검psycho-logical autopsy'을 통해 밝혀졌다(1950년대).

나의 동료인 로버트 리트먼Robert E. Litman은 수년 동안 로스앤젤레스 자살예방센터의 정신의학과 과장이었다. 그는 내게 그 문제가 간단하지 않음을 상기시켜 준다. 두 개의 자료가 있는데, 하나는 전향적이고 하나는 후향적이다. 전향적 단서에는 그 무엇보다 자살에 관한 대화, 이전의 자살 시도, 자기 파괴적 행위, 죽음 지향 행동, 희망 없다는 느낌, 깊은 좌절감, 혼란스러운 스트레스, 조력기관에 전화하기가 포함된다. 그리고 후향적 단서들이 있다. 불분명한 검시 결과가 나온 사례에 대해 수행된 심리부검에서 반드시 고려해야 할 많은 요소가 자살과 관련이 있다. 그런 요소에 포함되는 것은 우울증, 사랑하는 사람과의 최근의 사별, 직장에서의 끊임없는 스트레스, 결혼 생활의 갈등, 알코올의존증, 조현병, 신체적 질병, 위축되거나 이분법적인(전부 아니면 전무라는) 사고, 죽음에 관한 생각이나 말 등이며, 그런 요소가 있었는지 여부가 심리부검에서 고려된다. 물론 이런 단서를 표출하는 사람 수는 실제로 자살을 저지른 사람 수보다 훨씬 더 많다. 리트먼은 내게 보낸 글에서 덧붙였다. "자살 단서를 이용한 자살 예방이 더 성공적이지 못했던 이유는 그 단서들이 자살할 만한 사람의 수가 아주 많다고 예상하게 하는 반면에 그들을 도울 자원은 너무나 제한적이라는 데 있다."

전형적인 사망진단서에는 (미국 50개 주와 전 세계 대다수 국가에서) '사고, 자살, 타살' 항목이 있다. 이 항목에 해당하지 않으면 '자연사'임을 의미한다. 어떤 죽음이든 그 진단서의 주된 목적 하나는 죽음의 **양태**라는 의미에서 죽음을 분류하기 위함이다. 이것을 나는 죽음의 NASH 분류(자연사natural, 사고사 accident, 자살suicide, 타살homicide)라고 부른다. 삶에서처럼 죽음에서도 결정적으로 중요한 어떤 문제는 늘 명확하지만은 않다. 한 줌 정도의 비율, 말하자면 10% 정도의 죽음은 어느 양태로 분류해야 할지 **모호**하다. 이런 불확실성은 대개 두 양태로 넘겨진다. 사고사인가, 아니면 자살인가.

법의학적 증거와 독물학적 증거를 따라도 대답이 여전히 분명하지 않을 수도 있다. 진단을 내리는 검시관은 "어떤 경우인가에 달려 있습니다"라고 대답한다. "그게 무슨 말인가요?"라고 당신은 되물을 수도 있다. "사망한 사람이 마음속으로 무슨 생각을 하고 있었는지에 달려 있다는 것입니다. 죽은 사람의 **의도**가 무엇이었는지에 달려 있습니다." 그가 약을 복용했던 것이 잘 자고 일어나려고 했던 것인지, 아니면 절대로 깨어나지 않으려는 의도가 있었는지에 달려 있다. 하지만 그것을 어떻게 밝혀낼 수 있겠는가? 그는 죽었는데 말이다. 우리는 그를 아는 사람들에게 묻고, 이야기하며, 그의 성격을 재구성하고, 생활태도를 검토하며, 특히 죽음 직전 며칠 동안 어떻게 지냈는지 점검하고, 그가 말하고 행동했던 내용을 확인해 볼 수 있다. 달리 말하자면, 심리부검을 시행할 수 있는 것이다.

고故 시어도어 커피Theodore Curpey 박사는 1950년대 초에 로스앤젤레스 카운티 수석 검시관이었는데, 당시 새로 설립된 자살예방센터의 상급 직원에게 연락해서 우리(노먼 파버로 Norman Farberow 박사, 로버트 리트먼 박사, 나)에게 유형이 애매하거나 불분명한 최근의 사망 사건들에 대한 자문을 부탁했다. 우리는 위임받은 사망자들의 가족, 친구, 동료를 만나러 가서 이야기를 나누었다. 우리는 어떤 한 가지 사망 양식으로 편향되어 있지 않았다. 우리가 하고 싶었던 것은 심리적 사실들이 드러나게 하는 것과 더불어 사별당한 당사자의 슬픔을 달래는 일이었다. 이러한 절차의 최종 결론은 예견할 수 있었다.

우리가 만나서 들은 추가적인 타당한 정보는 항상 도움이 된다. 그래서 많은 경우에 우리는 검시관이 쓴 미확정 증명서를 이런저런 사망 양식으로 확정해 수정하는 데 도움을 줄 수 있었다. 또한 분명했던 것은 우리의 노력이 사별당한 자들의 마음을 휘젓기는커녕 도움이 되고 위로가 되었다는 사실이다. 그들이 검시관에게 그렇게 표현하는 편지를 썼던 것이다.

과학적 조사를 위해 그다음에 우리는 유서나 손에 든 총 같은 증거가 있어 모호하지 **않은** 수많은 자살에 대해서도 심리 부검을 했다. 이런 사례에서 우리가 발견했던 것은 명백한 자살 사례의 90%가 자살 일주일 전 정도에 말이나 행위로 단서를 주었다는 사실이다. 자살 사례 중 압도적 다수에 사전 단서가 있었다. 그러나 여전히 남는 질문은, 자살하는 사람 대부분이 자기 의도에 관한 단서를 주거나 흘린다는 것은 사실이지만 자살을 말했던 대다수가 실제로는 자살하지 않는다는, 겉보기에 모순되는 사실을 어떻게 조정할 수 있느냐 하는 것이다. 그리고 실제로 자살했지만 아무 단서도 발견되지 않은 10%의 사람에 관해서는 어떻게 말할 것인가?

자살하는 사람 대부분은 자살에 관해 말한다. 하지만 자살에 관해 이야기하는 사람 대부분이 실제로 자살하는 것은 아니다. 어느 쪽을 믿어야 할까? 이에 대한 대답은 둘 다 옳다는 것이다. 그것은 자료를 보는 두 가지 방식을 말해줄 뿐이다. 그 두 가지 방식이란 (앞을 내다보는) 전향적 관점과 (뒤를 돌아보는) 후향적 관점이다. 우리는 그 관점과 관련된 범주를 대표하는 집단을 이용해 이를 도식화할 수 있다. 전향적 상황에서는 자살하는 집단이 자살 단서를 주는 집단에 비해 실제로 그 숫자가 아주 적다. 반면에 후향적 상황에서는 자살 단서를 준 집단이 자살한 집단의 크기와 거의 비슷하다.

만일 현재 자살할 것이라고 말하는 사람들을 대상으로 추적해 본다면, 가령 5년간 따라가 보면 다행히도 소수(약 2~3%)만이 자살할 것이다. 이는 전향적 관점이다. 반면에 실제로 자살한 집단을 대상으로 그들 중 얼마나 많은 이가 자기 목숨을 끊겠다고 말했었는지 확인해 본다면, (로스앤젤레스에서 했던) 우리 연구에서는 90% 정도가 그랬던 것으로 나타난다. 이는 후향적 관점이다. 이 두 관점이 다 옳다는 것을 전제로 우리가 말할 수 있는 것은, 실제로 보수적(후향적) 관점을 채택해 자살에 관한 어떤 대화라도 신중하게 여기는 것이 더 지혜롭다는 점이다. 이러한 두 종류의 자료 중에서 선택할 때, 상식이 우리에게 말해주는 것은 조심하는 것이 실수하는 것보다 훨씬 더 낫다는 것이다.

자살한 사람의 약 90%가 단서를 주었다면, 나머지 10%의 사람에 대해서는 무엇을 말해야 할까? 자살의 끝자락에 있는 사람은 남몰래 지닌 의도를 어떻게 숨기거나 가장할 수 있을까? 자살한 사람에 관한 신문기사에서 종종 읽는 말, "그는 완전히 정상으로 보였어요"는 이런 종류의 한 예다. 그렇게 되면 우리는, 개념적으로 말하자면, **위장의** 세계로 던져진다. 이것은 자신만의 비밀을 간직한 사람들의 세계다. 심지어는, 특히 그 배우자도 모르는 비밀이 있는 사람들의 세계다. 그들은 노출되지 않은 삶을 사는 사람들이다. 우리는 그러면 변장과 가장의 세계 안에 있게 된다. 그곳은 이중적인 삶의 세계다. 스파이와 비밀요원의 세계이기도 하다. 또한 침묵하고, 할 말만 하고, 본래 과묵한 사람들의 세계다. 함께 살고, 겉보기에는 서로 사랑하지만 여전히 자기의 가장 중요한 사적인 계획, 가령 다음 날 자살할 계획 같은 것은 공유하지 않는 사람들의 세계다.

저명한 작가 윌리엄 스타이런William Styron*이 쓴 개인 기록을 여기에 발췌해 둔다. 이는 어떻게 그가 자살하려는 사람으로서 "다른 모든 사람, 건강하고 정상적인 사람을, 나란히 있지만 별개인 세계에서 살아가는 사람으로 간주하는지"에 관한 이야기다.

아내와 나는 뉴욕에 있는 근사한 이탈리안 레스토랑으로 초대받아 친구 여섯 명과 저녁 식사를 하게 됐다. 나는 그 시간이 매우 두려웠다. … 식사 시간이 되자 나는 심리적으로

---

* 심각한 우울증에서 벗어난 후 쓴 회고록이 그의 말년의 작품으로 유명한 미국 작가.

불편해져서 실제로 질식되는 느낌이었다. 물론 그 저녁에 내가 집에 있을 수도 있었다. 〔그러나〕 괴로움이 마음에 자리 잡고 있으면 몸으로 된 나 자신이 어디에 놓여 있는지는 거의 신경 쓰이지 않는다. 집에서 안락의자에 앉아 있든, 이 레스토랑에서 저녁을 먹으려고 시도하든 똑같은 황량함을 느낄 것이다.

나는 저녁을 먹으려고 '시도한다'고 말한다. 입맛이 지난 주부터 줄어들기 시작해 죽지 않을 정도만 먹는 데까지 왔기 때문이다. 같이 먹고 있던 일행 둘은 수년 동안 알고 지내온 매력만점의 친구였다. 나는 맛보지도 않고 〔음식을〕 집어 들었다. 그날 밤 별다른 이유 없이 유독 강력한 웅크린 파멸감이 밀려왔다. 그러나 제정신이 아닌 나의 극기심이 … 내면에서 깜박거리는 이 황폐함을 거의 나타나게 하지는 않았다. 함께한 사람들과 담소를 나누고, 친절하게 고개를 끄덕이며, 적절히 찡그리거나 미소 지었다.

화장실은 근처에 카펫이 깔린 계단을 내려가면 있었다. 화장실로 가면서 자살의 환상이 들었다. 몇 주 동안 내 사고에 박혀 그날 저녁 식사 동안에도 내 구석에 넣어두고 있었던 그것이 홍수처럼 몰려온 것이다. 이 시달림을 내게서 제거하는 것이 급선무다(하지만 어떻게? 그리고 언제?). … 내 상태를 드러내지 않은 채 그 밤의 남은 시간을 어떻게 보낼 수 있을지 필사적으로 궁금해졌다. 그 계단을 되돌아 올라올 때 나도 모르

게 내 비참함을 소리 내어 표현하는 나 자신에게 놀랐다. 그
것은 정상적인 자아로는 창피해서 거부했을 일이었다. "난 죽
을 거야"라고 불쑥 말해버린 것이다. 그 계단을 내려가고 있
던 한 남자가 분명히 깜짝 놀랄 정도였다. 불쑥 나온 그 말은
자신을 파괴하려는 나의 의지 중 가장 두려운 조짐이었다. 일
주일 안에 나는 믿을 수 없을 정도로 지각이 마비된 상태에서
유서를 쓸지도 모른다.

몇 달 후 … 그때 있었던 친구 두 명은 내가 아주 정상적으
로 행동했다고 회상했다. 내가 보여준 기념비적인 침착함은
그 고통의 독특한 내면의 성격을 증언해 준다. … 그 고통은
형언할 수 없고, 그러므로 고통을 받는 사람에게 말고는 별다
른 의미가 없는 것이다.[11]

자살이라는 드라마는 거의 자동적으로 쓰이는 것처럼 보이
며, 그 **연극**은 스스로 진행되는 것과 같다. 사람들이 의식적
으로든, 무의식적으로든 성공적으로 위장할 수 있는 한, 우리
가 냉정하게 깨달아야 할 것은 어떤 자살 예방 프로그램이라
도 100% 성공할 수 없다는 사실이다.

우리는 심리학적 의미에서 이 '위장'을 이해할 수 있고, 그
것이 '척하는 것'과 '꾀병 부리기' 이상의 것임을 알 수 있다.
이는 모든 자살의 경우에 사고와 감정 사이에 **어떤** 단절이 있
다는 의미에서 적어도 조현병이나 정신이상의 기미가 있기

때문이다. 이런 상태를 두고 현대 정신의학에서는 '감정표현 불능증alexithymia'이라는 용어를 붙였다. 슬픔, 암울함, 절망, 낙담을 특징으로 하면서 감정적 경험을 생각과 연결하지 못하는 것을 동반하는 의식적이고 명백한 심적 고통이 존재하는 상태를 의미하는 용어다. 이 상태는 감정을 식별하거나, 감정의 더 미묘한 의미 차이를 구별하거나, 그 감정을 다른 사람에게 전달하는 기능이 손상되는 결과를 초래한다. 그것이 바로 우리가 생각하는 것과 우리가 느끼는 것 간의 비정상적인 '분열'이다. 거기에는 통제의 환상illusion of control이 놓여 있다. 광기도 놓여 있다. 기분이 정상적일 때는 사고와 느낌을 한순간 연합된 의식으로 한꺼번에 경험한다. 자살하려는 사람에게는 죽음을 짊어진 **생각들**이 아주 위태롭다. 그런 생각에는 긍정적인 감정들의 평형 상태를 충분히 유지시켜 주는 균형이 결핍되었기 때문이다.

하지만 거의 절대로 숨겨질 수 없는, 위장할 수 없는 징후가 하나 있다. 그것은 정신적인 삶과 행위의 한 측면으로서, 자살하려는 마음의 특징이다. 그것을 **위축**이라고 하는데, 집중하는 관심 영역이 좁아지거나 굴을 뚫듯이 외골수가 되는 것을 일컫는다. 특히 이는 잠재적으로 자살하려는 사람의 일상 대화에서 나타난다. 그런 사람은 전부 또는 전무라는 (이분법적) 사고가 반영된 단어들을 사용한다.

모든 자살 연구에서 가장 위험한 단어 하나는 **유일한**only('오직', '단지', '뿐', '-만' 등 – 옮긴이)이라는 단어다. 높은 데서 뛰어 내렸지만 운 좋게 살아난 젊은 여자의 말을 간략하게 발췌한 것에서 볼 수 있듯이 말이다(그 단어가 등장하는 횟수를 세보라).

나는 아주 절망적이었어요. '맙소사, 이걸 마주할 순 없어'라는 느낌이었죠. 모든 것이 끔찍한 혼돈의 소용돌이 같았고, 그래서 생각했어요. '할 일은 오직only 하나뿐이야. 그냥 의식을 잃어야 해. 그것에서 벗어나는 길은 단지only 이것뿐이야.' 의식을 잃을 유일한only 방법은, 내 생각에, 꽤 높은 데서 뛰어내리는 것이었죠.

다음은 나중에 그녀가 우리에게 한 이야기다.

그래서 5층으로 올라갔고 모든 것이 갑자기 아주 캄캄했어요. 겨우 보인 건 그 난간이었고요. 그 주위는 그냥 까맸어요. 그냥 원 같았어요. 그게 보이는 전부였어요. 그냥 난간. 그래서 그 위에 올라가서 그냥 간 거예요. 아주 필사적이었어요.

그녀는 자신의 사고가 위축되었음을 서늘하게 묘사한다. 이 묘사에서는 카메라 렌즈의 조리개를 조여서 초점이 거의 닫힌 것 같은 이미지가 떠오른다. 자살에서는 마음의 조리개가 좁혀져서 다른 모든 것, 즉 부모, 배우자, 자녀를 배제하고

도피라는 단일한 목표에 초점이 맞춰진다. 그의 인생에 있는 다른 사람들이 망각되는 것은 아니다. 그저 자살 렌즈의 좁은 초점 안에 들어 있지 않을 뿐이다. 갑자기 그들이 사진 안에 없을 뿐이다.

영국인 작가 겸 비평가인 알 알바레즈AI Alvarez는 자신이 실패했던 자살을 묘사했다. 자살에 관한 수작인 그의 책 『야만의 신The Savage God』(1972)에서 '자살의 닫힌 세계'를 이렇게 그렸다.

일단 어떤 사람이 목숨을 끊으려고 결심한다면, 전적으로 설득당해 난공불락으로 닫힌 세상으로 그가 들어가 버린 것이다. 그곳에서는 모든 세세한 것들이 맞아떨어지고 모든 일이 그의 결정을 강화해 준다. 이러한 죽음은 모두 각각 그 나름의 내적 논리와 다시는 없을 절망을 담고 있다.[12]

작가 보리스 파스테르나크Boris Pasternak도 스탈린 체제에서 박해를 받았던 젊은 러시아 시인 몇 명이 사고가 위축되어 자살을 생각했던 것에 관해 썼다.

자살을 결심한 젊은이는 자신의 존재에 마침표를 찍는다. 그는 자기 과거에 등을 돌리고, 스스로에게 파산선고를 하며, 그의 기억들은 비현실적이 된다. 그 기억들은 더 이상 그를 돕거나 구해줄 수 없다. 그는 그 기억이 닿지 않는 곳에 자신을 두었다. 그 내면의 생명의 지속성은 끊어졌고, 그의 인격은 끝났다. 어쩌면 결국 스스로를 죽이게 만든 것은 그의 굳건한 결심이 아니라 어느 것에도 속하지 않는 이 고뇌의 감당할 수 없는 성질일 것이다. 그 괴로운 자에게는 생명이 이미 멈추었고 더는 생명을 느낄 수 없기 때문에 텅 빈 자신의 부재에 들어 있는 괴로움의 참을 수 없는 성질이 그를 스스로 죽게 한 것이다.[13]

자살하려는 생각이 가득 차 있는 사람을 돕고 치료하려는 뜻을 품은 사람의 첫 번째 과제 중 하나는 그 위축된 사고를 다루고, 빛이 들어올 수 있도록 '블라인드의 날개를 열어서' 그 사람이 새로운 각도로 볼 수 있게 하는 것이다. 앞으로 보게 되겠지만, 치료자는 자살하려는 사람이 죽음을 전제로 하는 생각에 대해 부드러운 태도로 반대해야 한다. 자살하려는 사람의 사고 패턴은 위축되어 있다. 그것은 오직 두 개의 가능성으로 양분된 경우가 많다. 그렇거나 아니거나, 원하는 삶이거나 죽음이거나, 내 식이거나 아무것도 아니거나, 크거나 없거나 등 오로지 둘 중 하나만 보는 절망스러움이며, 우리가 평범한 삶에서 그런 것과 같은 셋 이상의 선택지란 그에게 없다. 그 마음의 카메라에서는 자살의 필름이 흑백으로 뚜렷이 제한된다.

기억에 남는 대학생 한 명이 있다. 그녀는 스스로 목숨을 끊으려고 권총을 샀다고 친구에게 말했다. 그 친구는 그녀에게 교수실로 가서 나를 만나보라고 권유했다. 스무 살 미혼인 그녀는 매력적이고 얌전하며 부유하고 빅토리아 시대의 감수성이 있는 학생이었다. 그녀는 몇 달 전에 단 한 번 성관계를 했는데 임신을 했다. 그녀는 내게 (무의식의 언어로) "사는 걸 견딜 수가 없어요"라고 말했다. 그녀가 내게 말한 선택은 어떻게든 임신을 하지 말아야 했다는 것, 즉 시계를 그 불운한 밤 이전으로 돌리거나 아니면 죽는 것이었다. 이것은 자신에게 벌주는 이분법이었고, 이루어질 수 없는 것이었다. 그 두 가지 선택지를 놓고 본다면, 그 순간에는 자살이 그녀의 **유일한** 선택으로 보였다.

나는 몇 가지를 했다. 먼저 종이를 꺼낸 뒤, 그녀의 마지못한 도움을 받아 목록을 만들고 나서 '누군가의 엉망진창 목록'이라고 이름을 붙였다. 우리가 주고받은 내용은 이렇게 진행되었다. "당신은 아이를 예정일대로 낳아서 키울 수도 있다." ("난 그렇게 할 수 없을 거예요.") "아이를 예정일대로 낳은 후 입양 보낼 수도 있다." ("그렇게 할 수 없어요.") "여기 이 지역에서 임신중절을 할 수도 있다." ("그렇게 할 계획이 없어요.") "멀리 가서 임신중절을 할 수도 있다." ("그건 아니에요.") "부모에게 말할 수도 있다." ("그러지 않을 거예요.") "관계한 그 친구에게 말할 수도 있다." ("절대로 그러지 않을 거예요.") "그러면 언제나 자살을 할 수 있지만 오늘 그렇게 할 이유가 없다." (그녀는 아무 대답을 하지 않았다.) '안 할 것이다', '할 수 없다', '해야 한다', '반드시 해야 한다', '절대로', '언제나' 같은 말은 그 사람과 초기에는 협상을 불가능하게 만들지만, 한편으로는 치료에서 주요한 주제가 된다. 나는 "이제"라고 말하면서, "어디 우리의 목록을 봅시다. 절대로 받아들이지 못하겠는 것부터 가장 덜 싫은 것으로 올라가면서 순위를 매겨볼래요?"라고 말했다.

이 목록을 만드는 일 자체가 심판하지 않는 태도이고, 그것이 이미 그녀를 차분하게 하는 결과로 나타났다. 이분법을 부숨으로써 그녀의 시야는 확장되었다. 그녀는 그 목록에 순위를 실제로 매기면서 항목마다 중얼거리며 못마땅해했다. 결정적으로 중요했던 점은 바로 자살이 더 이상 첫 번째나 두 번째 선택 사항이 아니게 되었다는 것이다. 그녀는 '1'과 '2'를 쓰면서 눈물을 조금 흘렸지만, '3'을 적을 때 나는 그녀가 목숨을 건졌다는 것을 알았고, 그다음에 우리는 단지 삶을 놓고 흥정했을 뿐이다. 그것은 완벽하게 성공할 만한 상태가 되었다는 표시였고, 어떤 사람에게는 최소한 몇 번이라도 벌어질 수 있는 정상적인 상태였다.

그 순간의 과제인 목록에 순위 매기기를 수행하는 것은 가능했다. 이는 이 젊은 여성의 혼란, 수치, 황망함을 줄여주고, 선택의 범위에 대한 그녀의 위축된 지각을 넓혀줌으로써, 그녀의 자살 결심을 느슨하게 해주었다. 그녀가 원래 이분법적으로 자살만 선택했던 것은 인생의 현실적인 선택의 범위 안에서 실행 가능한 선택들을 포기한 것이었는데, 이제는 어느 정도 희망이 보였다.

나는 또한 그녀 편에서 실제적인 많은 것들을 했다. (그녀가 있는 데서) 전화를 몇 통 했고, '이 상황에서 가장 덜 바람직하지 않은 선택'으로서 그녀가 선택한 것이 시행되게 했다. 그것은 누구라도 했을 법한 꽤 최선의 것이었다. 그녀는 그렇게 살 수 있었다. 이로써 자살 하나를 막아낸 것이었을 수도 있음을 누가 알겠는가.

자살 말고도 수명을 줄이는 방법은 많다. 이런 사례를 간접적 자살이라고 부를 수 있다.

우리는 다음과 같은 사람을 어떻게 이해해야 할까? 마치 자기에게 일어날 사고에 늦을까 두려운 듯 행동하는 사람, 생명을 구하는 의료적 처방을 어리석게도 무시하는 사람, 자기 생명을 줄어들게 하거나 잘라버리는 나쁜 판단을 내리는 사람, 미숙한 자기파괴를 섣불리 행하는 듯 보이는 사람, 경솔히 자신을 해치는 길로 가는 사람, 은밀히 자기파괴적 행위를 하는 경향이 있어 보이는 사람, 생명을 위태롭게 하는 것으로 알려진 건강 습관을 가진 사람, 자신이 자기의 최대 적으로 보이는 사람. 이들을 이해하는 방법으로 떠오르는 생각은, 그것이 **간접적**indirect 죽음과 **잠재적**subintentioned 죽음이라는 것이다.

"당신은 뭐든 될 수 있다"라는 말을 우리는 많이 듣는다. 그래서 삶을 향유하고, 자아를 실현하며, 경험을 최고로 올리기를 갈망한다. 하지만 우리가 부정적인 측면에서 스스로에게 할 수 있는, 분명히 해로운 것이 두 가지 있다. 생명의 길이를 줄일 수 있고, 생명의 너비를 좁힐 수 있다는 것이 그것이다. 이는 주어진 생명의 시간을 더 짧게 하는 것이며, 또는 생명이 당연히 누려야 할 것보다 덜 누리게 하는 것, 즉 부족하고 초췌하며 불행한 삶으로 만드는 것이다.

칼 메닝어Karl Menninger는 미국 자살학의 조부다. 자신의 널리 읽히고 높이 평가받는 책에서 그는, 인간의 은밀한 자기파괴에는 부정할 수 없이 **무의식적** 요소가 들어 있다고 경고했다. 메닝어는 명시적 자살의 '별로 명확하지 않은 대체물'에 관해 썼다. 그의 중요한 책 『자신을 거스르는 사람Man Against Himself』의 목차는 그의 관심사와 주제를 반영한다. '만성적 자살'이라는 제목의 장에서는 금욕주의, 순교, 신경쇠약, 알코올의존증, 반사회적인 행위, 정신증을 다룬다. '초점 맞춘 자살'에서는 자해, 꾀병, 수술중독polysurgery*과 같이 심리적 요소가 내재된 사건을 다룬다. '기질적 자살'이라는 장에서는 기질적 질환에 내재한 심리적 요인을 다룬다.[14] 메닝어는 이 모든 것이 그 개인의 수명을 줄이거나 끊어버리며 그가 될 수 있었던 사람보다 못한 사람이 되게 할 수 있는 미묘한 방법이

---

* 불필요한데도 습관적으로 수술받기를 요구하는 것을 가리킨다.

라고 말했다. 생명의 온기와 빛을 피하고 뒤로 물러나 자아거부를 향해 달리는 셈이라는 것이다. 그의 견해에 따르면, 이 모든 것은 부분적 죽음이며 간접적 자살의 모든 징후다. 그것을 나는 '잠재적 자살'이라고 부른다.

나는 칼 박사를 알고 무척이나 존경했지만, 내 개인적 스승이자 지식인으로서의 내 삶의 영웅은 하버드대학의 헨리 머레이 교수다. 그와 함께 공부했고 염치없이 그를 존경했다. 한번은 나의 초청으로 머레이 박사가 로스앤젤레스로 와서 '세상에 대해 죽음'[15]이라는 제목으로 강연했다. 그 강의에서 그는 부분적 죽음과 간접적 자살에 관해 성찰했다.

〔내게 떠올랐던 생각은〕 관련된 다른 상황들입니다. 가령 정신적 삶의 한 부분의 일시적 또는 영구적 단절 — 예를 들면 영향력의 단절(거의 죽은 느낌) — 또는 의식 있는 삶 지향의 단절 — 예컨대 사회생활 단절(바깥세상에 대해 죽음)이나 영적인 삶 단절(내면세계에 대해 죽음) — 또는 삶의 다른 단계의 단절, 즉 거의 단절에 가까운(죽은 것과 매한가지인) 상태나 단절(감소)을 지향하는 경향이 그런 상황입니다.

세상에서 죽음은 모두 중요한 두 가지 방식으로 확인될 수 있다. ①『질병, 부상, 사인의 국제 통계학적 분류 안내서
Manual of International Statistical Classifications of Disease, Injuries, and Causes

of Death』에 따르면, 사인은 하나 이상으로 수없이 많다(예컨대 울혈성 심부전, 암, 폐렴 등). ② 죽음의 네 가지 유형에 따르면, 자연사, 사고사, 자살, 타살 중 하나다. 대부분의 경우에 사인이 죽음의 유형을 함축한다. 출혈성 심장마비는 자연사를 암시하고, 자동차 핸들 뒤에서 가슴이 압박된 부상은 사고사를 의미한다. 오른쪽 관자놀이의 총상(그리고 근처에서 발견된 메모)은 자살을, 그리고 뒤통수의 총상은 타살을 암시한다.

사인은 거의 늘 분명하게 확인될 수 있지만, 죽음의 유형은 명백하지 않고 모호하게 남아 있을 수도 있다. 때로는 영원히 알 수 없기도 하다. 그 뒤에 남은 자들에게는 어떤 유형의 죽음이었는지가 매우 중요한데, 보험비와 유언장의 검인 등 실제적인 문제 때문만이 아니라 망자의 명성, 망자에 대한 기억, 그리고 애통함이나 애도와 관련한 모든 심리적·영적 문제의 측면에서도 그렇다.

그러나 죽음의 유형이 너무 간결하고 단순하게 분류된 탓에 거기서 죽음과 관련한 망자의 역할과 의도는 배제된다. 죽은 사람이 정말로 그 죽음을 의도했는가? 그렇다면 그 죽음은 자살일 것이다. 아니면 그 사건이 (예를 들어 항공기 추락처럼) 단순히 그 사람에게 일어난 것인가? 그렇다면 그것은 사고사일 것이다. 아니면 죽은 그 사람이 그 종국을 맞는 데 무의식적·간접적으로 은밀한 역할을 하고 죽음의 날짜를 앞당겼는가? 그렇다면 그것은 잠재적 자살일 것이다.

분명한 것은 많은 '사고'가 우발적으로, 전적으로 우연히 일어나는 일만은 아니라는 사실이다. 또는 '아무 일 없이' 희생자에게 맹목적으로 다가온 일에만 전적으로 관련되는 것도 아님이 분명하다. 또 한 가지 분명한 것은 어떤 타살은 의식하지 못한 상태에서 당한다는 것이다. 이른바 자연사가 발생해도 실제로는 특정한 행위(그리고 부정행위)로 말미암은 것일 때가 많다. 모든 죽음이 이런 잠재된 자살의 성격을 띠지는 않지만 그 비율도 상당하다.

몇 년 전에 나는 (캘리포니아 북부에 있는) 마린 카운티의 검시관과 함께 작은 실험을 이끌었다. 실험은 2년 동안 그 지역에서 검시한 모든(정확히는 974건) 죽음의 사례, 즉 자연사, 사고사, 자살, 타살의 사례에 대해 죽은 사람 편에서의 '치사율' 정도에 따라 높음, 보통, 낮음, 전무로 등급을 매기는 일이었다. 자살로 인한 죽음 131개 사례는 의도된 죽음이라고 정의할 수 있었고 치사율이 높았다. 나머지 843개 사례에서는 치사율 높음이 4개, 보통이 128개였다. 달리 말하자면, 자연사와 사고사, 타살이라고 확인된 죽음의 16% 정도에서도 그 죽음에 망자가 **어떻게든** 가담하는 요소가 있었다고 여겨진 것이다. 이는 그 지역에서 발생한 모든 죽음의 6분의 1에 해당했다. 만일 전국을 놓고 추론한다면, 그것은 매년 잠재적 자살이 수백만 건이 있으며, 그 죽음으로 죽은 사람이 사망 일자를 재촉하는 데 무의식적인 어떤 역할을 해왔다는 것을 의미한다고 할 수 있다.

그러나 이 깜짝 놀랄 사실을 이미 모두 알고 있다. 그것이 바로 현대의 삶에서, 특히 도시의 환경에서 흡연, 약물 남용, 산모 관리, 무방비의 성관계, 길거리 폭력, 그 밖에 사망률 높은 활동과 관련해 공중보건 캠페인을 하는 이유다. 잠재적 자살에 관한 논쟁은 실제로 가난과 인간관계의 악화와 절망에 사회가 미치는 역할에 대한 사회적 논쟁으로 향해 가고 있다. 그런 조건들을 너무 많이 가진 사람들에게 그런 조건들은 그들을 죽어야 할 시점보다 더 먼저 죽게 하는 행위의 조건이 될 것이 분명하기 때문이다.

4장

먼저 공격하고 싶은 욕구

베아트리체 베센의 사례

한 동료의 부탁을 받고 호기심이 발동했다. 그의 젊은 여성 환자를 만나보고 진단해 볼 것인가. 그녀는 이제 곧 이 도시를 떠나 대학으로 복귀하려던 참이었다. 그렇게 나는 베아트리체 베센을 만났다. 매력적이고 날씬하며 옷을 잘 차려입은 여성이었고, 가장 흥미로운 사람 중 하나였다. 적대적이지는 않았지만 속 깊은 곳에서는 반항적이었고, 인습을 타파하려는 의도는 없었지만 권위에는 철저히 무심했다. 확실하지는 않지만, 누구에게도 마음을 뺏기지 않을 사람처럼 보였다. 나는 그녀에게 내 사무실에서 '심리적 고통 설문지'를 작성해 달라고 부탁했다. 그녀가 설문지를 완성해 건넸을 때, 나는 그것을 보는 즉시 (부록 1에서 볼 수 있듯이) 정말로 상처받은 사람이 여기에 왔구나 하는 것을 알았다. 그녀는 자신의 심리적 고통의 강도를 1에서 9까지로 된 등급 중 8로 매겼다. 그녀는 자살 시도를 했었다. 그녀는 기댈 수 있는 질서나 피난처나 세상에 대한 욕구가 강했다. 그러나 그녀가 경험한 것 대부분은 남이 자신을 거부할 가능성이 생기기도 전에 먼저 남을 거부하려는 강한 욕구였는데, 그것은 두려움과 불안에서 생겨난 것이었다. 그녀는 반작용하려는 욕구로 인해 자기가 일차적으로 먼저 괴로워지는 보기 드문 전형적 사례였다.

베아트리체 베센에 관해 계속 말하기 전에 먼저 심리적 욕구들을 모두 펼쳐놓고 싶다. 그 욕구들이 자살과 관련되기 때문이다. 우리가 2장에서 보았듯이, 에릴의 고통은 주로 양육의존에 대한 욕구, 사랑받고 싶은 욕구에 의한 것이었다. 그런데 방금 주목했듯이 베아트리체의 고통은 그와는 다른 동기에 의해 아주 다른 방식으로 유발되었다. 그리고 (6장에 등장하는) 카스트로 리에스에게는 또 다른 성향의 욕구가 있었다.

그렇다면 자살과 가장 자주 직접적으로 관련되는 욕구들은 어떤 것일까? 가장 일반적인 대답은 욕구의 내용 자체는 자살과 별로 연관이 없다는 것이다. 자살은 어떤 욕구가 그 성격에 기초적으로 작용하든 안 하든 그 욕구의 좌절감의 강도와 더 많이 관련된다. 그리고 당연히 거의 모든 경우에 하나 이상의 욕구들이 연관된다. 그러나 지금 다중 욕구와 욕구의 결합이라는 주제를 복잡하게 전개하고자 하는 것은 아니다. 이 책에서는 에릴, 베아트리체, 카스트로의 사례 각각에서 지배적인 욕구 하나를 특징으로 삼아 자살에 관한 전반적인 생각을 제시하고자 한다. 그들이 경험한 좌절이 그러한 욕구를 둘러싸고 뭉쳐 있기 때문이다. 어떤 특정한 욕구가 자살의 원인이 된다는 이론적 근거는 없다. 그 사람이 중요하다고 생각해 온 욕구가 성취되지 못하고 좌절되었다는 느낌, 막히고 미완성된 느낌, 그래서 참을 수 없이 긴장되는 느낌이 자살의 원인이 된다.

설문지를 작성하고 나서 베아트리체는 대학으로 돌아갔고, 꽤 긴 자서전을 써보겠다고 내게 약속했다. 그때 나는 그녀의 성격에 대해 꽤나 명확한 인상을 받았다. 일차적 과제는 그녀의 치료자에게 평가한 것에 관해 자문해 주는 일이었고, 그렇게 했다.

베아트리체가 부모를 왜곡되게 지각하기 시작한 것은 열 살이 되기 전이었다. 그때 부모가 이혼하려고 하는 것을 알았던 것이다. 그녀 눈에 부모는 갑자기 믿을 수 없고 기댈 만하지 못한 존재가 되어버렸다. 그녀는 그러한 이해를 바탕으로 세상이 위태롭고 믿지 못할 곳이라고 추정하고 일반화했다. 베아트리체에게 특별한 점은, 반작용하는 식으로, 즉 가족이 자기를 버리기 전에 먼저 가족을 거부하는 식으로 주도권을 잡았다는 점이다. 그것은 '자기충족 예언self-fulfilling prophecy'*

---

* '자기충족 예언'이란 한 사람의 신념이 그 사람 자신의 행동에 영향을

의 최악의 시나리오다. 그녀에게 벌어진 일은 일종의 심리적 고아가 된 것인데, 거기에는 그녀가 자초한 특별한 뒤틀림이 있었다. 그다음에는 만성적인 비극의 패턴이 만들어지고, 일단 그 패턴이 작용하자 잘못 적응된 이 신념들을 그녀 스스로 남용하게 되어버렸다. 이 불행한 심리적 역동의 패턴은 섭식장애로 전환되었는데, 이는 그녀가 어머니와 아버지(그리고 둘의 결혼관계)를 향하던 불신(적대감)의 방향을 자기 자신을 향한 어쩔 줄 모르는 반감으로 바꾸어버린 것이었다.

반작용은 기초적인 심리적 욕구라는 별자리들 중에서도 자주 볼 수 없는 흥미로운 것이다. 머레이는 『성격 탐구』(1938)라는 책에서 반작용을 다음과 같이 정의했다.

다시금 분투해 실패를 극복하거나 만회하려는 것. 행동을 재개하거나 증가시킴으로써 수치나 거부당함을 지워버리려는 것. 약함을 억누르려는 것. 즉, 두려움을 누르고, 행동으로 모욕감을 지우며, 자존감과 자부심을 높은 수준으로 유지하려는 것. 반작용은 성취 욕구와 관계있고 불가침 욕구(침해받지 않는 자신만의 심리적 공간을 갖는 것)와도 관계있다. 극복하려는 결단, 자부심, 자율성, 분투를 위한 열의가 있는 욕구다.

미치고, 그의 행동이 다른 사람의 신념에 영향을 미쳐서 그 첫 번째 사람에 대한 반응에 영향을 줌으로써, 그 첫 번째 사람이 자기가 원래 생각했던 것이 맞았다고 생각하게 되는 것을 일컫는 심리학 용어다.

이러한 사람은 확고하고, 단호하고, 굳건하고, 대담하고, 끈기 있고, 모험심이 강하다. 노력하며, 아닌 척할지라도, 이전에 큰 충격을 받은 상황에 대해 성공적으로 대처하려 하고, 거부당함에 대해 보복하려고 한다. 단지 그래도 된다는 것을 증명하고자 금지된 것을 하려고 한다. 미숙하다고 멸시받지 않으려고 활동에 열심히 참여한다.[16]

이러한 사람은 단언적으로 다음과 같은 말로 대답하곤 한다. "나는 어려움에 빠질 때 스스로 해내려고 노력한다. 나쁜 소식을 들으면 신경 쓰지 않는 듯 내 느낌을 숨긴다. 나는 곤경을 피하기보다는 맞선다. 스스로 모든 것을 해야 한다고 느낄 때도 있다. 내 건강이나 생각하는 방식에 대해 질문을 받는 것을 싫어한다. 나는 봐달라고 부탁하기보다는 아무것 없어도 그냥 가는 편이다. 내 두려움과 약점을 스스로 극복하자고 마음먹는다."

베아트리체의 행동은 정확히 말하자면 **반작용**은 아니었다. 그 행동들의 성격이 반사적이지 않고 예측적이었기 때문이다. 선행적인 행동이었다. 그녀는 먼저 공격했지 되받아치지는 않았다. 그녀는 전쟁에 나선 지휘관처럼 선제타격을 했다. 그녀는 주먹을 적에게 날렸다. 여덟 살과 열 살 사이의 그녀에게 이런 타격이 현실적으로 얼마나 필요했었는지, 그리고 그것이 그 상황을 얼마나 악화시켰는지 우리는 알지 못한다.

우리가 아는 것은 그러한 타격이 그녀 자신을 불행하게 하고 자살 이력이 쌓이게 했다는 사실이다. 아무튼 여기서 아는 내용을 가지고 이해할 수 있는 바는 그녀의 행동이 주로 선제 행동을 위한 과장되고 왜곡된 욕구에서 나왔다는 것이다. 즉, '다른 사람들'이 자기를 거부할 수도 있고 아닐 수도 있는데, 그 어느 쪽이든 그러기 전에 자기가 먼저 다른 사람을 거부하려는 것이었다.

어린 시절, 10세 이후로 그녀의 기본적인 무언의 삼단논법은 다음과 같았다.

- 대전제: 세상에서 내가 전적으로 의지할 누군가를 찾아야만 한다.
- 소전제: 어머니와 아버지를 두 사람 각각이든 함께든 의지할 수 없다.
- 결론: 그래서 슬프다. 우선 나 자신에게 기댈 수밖에 없다. 부모와의 유대를 적극적으로 반드시 끊어야 한다. 그들이 나를 버리기 전에 내가 버리는 편이 낫다. 남이 내게 하기 전에 내가 남에게 하는 것이 낫다. 그래서 나와 내 몸만 남게 된다. 내 몸은 반은 친구고, 반은 원수인 부모다. 내가 몸을 조정해 나 자신을(그리고 다른 사람들을) 조정해 볼 수 있다. 내 몸이 내가 세상을 움직일 수 있는 유일한 운전대다. (내가 올리거나 내릴 수 있는) 전압조절기다. 몸무게를 15파운

드 늘리거나 줄일 수 있다. 내 몸을 통제해 내가 내 인생을 통제할 수 있다. 그리고 삶이 너무 고통스러워지면 내가 스위치를 완전히 끌 수 있다.

우리가 처음 만난 이후 몇 달이 지나고 방학 동안 나는 베아트리체를 다시 보았다. 그리고 그때 '머레이의 주제통각검사Murray's Thematic Apperception Test: TAT'(1935)를 했다. 이 검사는 전체적으로 한 세트의 사진들을 가지고 하는 것인데, 그것은 사람이 찍힌 전형적인 사진들이지만 그 사진의 사회심리적 상황이 그다지 분명하게 보이지는 않는다. 검사를 받는 주체의 과제는 이야기를 하나 말하는 것이다. 그 사진 속 인물들이 무엇을 생각하고 느끼며 행동하고 있는지, 그리고 그 전체로 어떤 이야기가 될지를 말해보는 것이다.

머레이에 따르면, 이 검사는 "대체로 인정받고 있는 사실을 바탕으로 한다. 그 사실이란 누구든지 복잡한 인간관계 상황을 해석하려고 시도할 때는 그 상황에 관해 말하는 만큼이나 자기 자신에 관해서도 말하게 되는 경향이 있다는 것이다. 그래서 '이중으로 듣는' 사람에게는 그 화자가 내면에 지닌 힘과 준비해 놓은 것, 즉 소원, 두려움뿐 아니라 그의 경험과 환상의 의식적 표현과 무의식적 표현까지 드러내게 된다".[17] 달리 말하자면, 이 검사는 검사받는 사람이 그 자신의 지각 양식이나 '세상을 바라보는' 습관적인 방법을 무의식적으로 투사하게 만든다.

베아트리체는 그 검사 카드를 보고 다음과 같은 이야기를 만들었다. 한 어린 소년이 자기 앞 탁자에 놓인 바이올린을 보며 생각하고 있는 카드였다.

이것은 어린 소년의 사진이다. 그 아이는 뭔가를, 누군가를 그리워하는 것처럼 보인다. 마치 이 바이올린에 관해 뭔가 떠오른 듯이, 자기 앞에 있는 바이올린을 바라보며 기억을 떠올리는 중이다. 어쩌면 그 바이올린을 연주하곤 했던 사람을 그리워하는 것일지도 모른다. 친구나 선생, 부모 또는 형제자매 등 누군가를. 그냥 바이올린을 보면서 그것을 연주했던 사람을 그리워하고 있는데, 결국은 일어나 그날 할 일을 할 것이다. 그것은 누군가를 생각나게 하는 것이다. 그들이 더 이상 음악을 연주하지 않기 때문이다.

내 개인적인 생각은(그리고 내가 그녀의 치료자와 이야기 나누었던 것은), 여기 있는 이 이야기에 기막히게 특이한 비틀림이 있다는 것이다. 이야기의 단 하나의 초점은 그 사진에 **없는** 사람들에게 맞춰져 있다. 부재하는 자들이 존재한다. 그녀의 삶에 없는 것(그리고 없는 사람)에 대한 갈망과 상실감이 있다. 슬프고도 가슴 아픈 어조다. 핵심 단어는 '그리움'이다. 이야기 속 아이는 버려졌다. 화자는 심리적으로 상실감에 빠져 있다.

또 다른 검사 카드는 한 젊은 남성이 나이가 더 많은 남성과 마주앉은 사진이다. 나이 든 남성은 논쟁하면서 뭔가 강조하고 있는 듯하다. 다음은 베아트리체가 말한 이야기다.

두 남자가 사진에는 보이지 않는 누군가의 이야기를 듣고 있다. 더 젊은 사람은 그 화자를 열중해 바라보면서 아주 열심히 듣고 있고, 더 나이든 사람은 그 젊은 남자를 보면서 그의 반응과 얼굴 표정을 읽어내려고 한다. 그 나이 많은 사람은 이미 그 이야기를 알고 있는 듯하다. 어쩌면 말하는 사람이 아내라서 그는 그녀가 무슨 말을 할지 알고 있는 것일 수도 있다. 그래서 그 젊은 남자의 반응을 알아내려 하고 있다.

내가 속으로 한 논평은 주인공이 여전히 '사진 속에 없다'는 것, 카메라 시선 밖에 대기하고 있어서 **직접적으로는** 보이지 않는다는 것이다. 여기에 얼굴에서 단서를 찾는다는 흥미로운 개념이 있는데, 찾으려는 단서는 상실되고 있다는 느낌, 그리고 그 기준이 무엇인지 확실하지 않다는 느낌이다. 이 이야기가 강하게 보여주는 것은 그녀의 지각 양식이 특이하고 보통과 다른 경향이 있다는 것이다.

두 번째 만남 6개월 뒤, 세 번째 만남에서 그녀는 불에 덴 듯 고통스러운 자서전적 자기 이야기를 건네주었다. 이것은 (몇 단어를 제외하고는) 온전히 그녀의 말이다.

내 어린 시절은 괜찮았어요. 비교적 안전한 교외에서 자랐고요. 대부분의 아이가 그렇듯이 저도 자신감 있는 아이였어요. 기억이 꽤 강하게 집중되는 건 열 살이었을 때예요. 부모가 언젠가 이혼할 거라는 걸 어쩌다 알게 된 것이 기억나요. 그래서 부모가 이혼한 아이들에 관한 책을 읽기 시작했어요. 내가 엄마에게 어떻게 느꼈는지 말했을 때 엄마는 이혼할 계획이 없다고 말했어요. 3년 후에 엄마는 집을 나갔어요.

열 살 때 나는 세상의 공포에, 말하자면 '눈을 떴어요'. 아동기의 천진함에서 나와서 삶의 어두컴컴한 쪽으로 곤두박질친 거죠. 나는 내가 심한 고통에 취약하다는 걸 알았고, 우리 가정이 깨질 걸 예상했고, 가족으로부터 멀어지기 시작했어요. 그때 엄마와 아빠는 이혼할 거라는 걸 더 이상 부인하지 않았고, 나는 둘의 결별이 내게 영향을 미치지 않도록 충분히 거리를 뒀어요. 오빠는 울며 소리쳤지만, 나는 그저 오빠가 약하다고 생각했어요. 나는 친구들에게 빠져들었고, 날 지지해 주는 가족의 힘은 무시해 버렸어요.

이혼 절차는 내가 고등학교 입학하던 때 시작됐고, 2년 동안 계속 아주 추잡했어요. 부모님은 위자료와 퇴직연금을 놓고 애들처럼 싸웠어요. 고등학교에서는 '가족' 생활을 피할 기회가 더 많아졌어요. (나는 '가족'이라는 말을 최대한 느슨하게 사용하기 시작했어요. 친구들이 내 진정한 가족이었기 때문이죠. 내 가족은 단지 피를 나눈 친족이 됐고요.) 나는 무대예술부와 록 밴드에 가입했어요.

내심 아빠와 살기를 원했어요. 하지만 엄마의 감정을 상하게 할 수는 없었죠. 불행히도 아빠가 내게 너무 강하게 기댔는데, 아빠는 자기가 자살할 생각이 있고 술을 점점 더 많이 마신다고 털어놨어요. 들으면서 나는 아빠가 그렇게 비밀을 털어놓음으로써 도움을 구하고 있다고 생각했고, 아빠의 마음 상태 때문에 나는 죄책감과 슬픔의 불가능한 짐을 지고 다녔어요.

고등학교 시절에 가장 좋은 때도 있었지만, 커지는 자기혐오에서 내 기분을 돌려놓을 정도로 충분하지는 못했어요. 열다섯 살 때 내 감정과 씨름했고 내게 무슨 일이 일어나고 있는지 이해하지 못했어요. 친구들에게 그 감정들을 설명하려고 했던 것이 기억나요. 그 애들은 내가 블랙홀로 떨어지고 있고 삶이 의미가 없다고 하는 내 말을 못 믿어하면서 고개를 저었죠. 그 애들은 그냥 소름 끼치는 내 생각에 관계할 수가 없었던 거예요.

나처럼 생각하는 게 나 혼자라는 걸 일단 깨닫고 나자, 그것에 대해 말하는 걸 멈춰버렸어요. 내가 제정신이 아니어서 겁이 났고, 그걸 다른 사람들이 알지 못하기를 바랐죠. 그래서 '정상인' 친구들의 행동을 계속 흉내 냈고, 어디서든지 미소를 지었어요. 그해에 오빠가 집을 떠나 다른 지방의 대학에 갔어요. 우리 가족이라는 조각난 잡동사니와 함께 나를 남겨

두고 말이죠. 오빠가 일상의 지옥에서 겨우 빠져나가 사라져
버린 것이 원망스러웠어요. 나 혼자 모든 걸 감당해야 했죠.

이 시기에 나는 부모 어느 쪽의 집에도 거의 들어가지 않긴
했지만, 부모의 짐스러운 언쟁으로부터 내 주의를 분산시킬
뭔가가 필요했어요. 그 해답은 내가 데이트하면서 '사랑했다'
고 생각했던 남자애로부터 받았어요. 그는 내게 살을 2킬로
그램 정도 뺄 필요가 있다고 말했어요. 그 애 말을 믿었고 어
쩔 줄 모르면서 왜 내가 아주 불행한지 이유를 찾으려고 했
죠. 164센티미터의 키에 54킬로그램에서 다이어트를 계속했
어요. 그 다이어트는 내가 갈망했던 많은 것을 줬어요. 집중,
절제, 자신감, 질서 등을요. 그게 결국 요새 나를 괴롭히는 섭
식장애를 가져다줄 줄은 거의 몰랐어요.

나를 거식증에 빠뜨린 그 남자 친구는 그다음 주에 나랑 헤
어지기로 결심했어요. 불쑥 나와 관계를 끊었죠. 헤어지자마
자 내 몸을 휩쓸고 지나가며 뒤덮은 고통의 파도에 나는 어쩔
줄 몰랐어요. 그런 강렬한 고통을 느낀 적이 없었고, 어떻게
해야 할 줄을 몰랐어요. 집에 혼자 있었는데 절망스럽게 뛰어
다니다가 내 몸을 타고 흐르는 감정의 홍수에 공황 상태에 빠
졌어요. 결국 식칼을 집어 들고 내 방으로 들어갔죠. 그리고
칼로 나를 베었어요. 팔을 죽죽 그었죠. 육체적 고통이 감정
적 고뇌로부터 내 주의를 떼어내 줬고, 나는 그저 피가 카펫
위로 흐르지 않게 하는 데만 집중했어요.

돌이켜보면 그날은 내 남은 청소년기를 집어삼킨 빠른 하강 소용돌이의 기폭제가 됐어요. 학교와 내 활동들에서는 '거짓자아'를 유지할 수 있었죠. 그다음 2년 동안 아무도, 심지어 친한 친구들도 내가 속으로 어떻게 느끼는지 몰랐어요. 밤마다 잠에 빠져들기 전에 자살하는 것을 상상했어요. 죽음에 집착하게 됐죠. 내 장례식 예행연습을 하고 또 하면서, 매번 주의 깊게 세부적인 것을 첨가했어요. 고딕이라는 장르의 음악을 들었어요. 어둡고 탁한 음조로 상실과 죽음의 비극적 가사를 부르는 종류의 음악이에요. 나는 실존, 신, 인간의 의지, 철학에 대해 질문하는 시를 쓰기 시작했어요. 그러나 아무것도 내게 안도감을 주지 못했죠. 나는 점점 더 일상 과제에 대해 냉소적이 됐고, 내 감정에 스스로 거리를 뒀어요. 얼마 후에 나는 완전히 감각을 잃었어요.

나 자신에게 음식과 위로를 박탈하는 지나친 규율을 적용했어요. 내가 거리를 걸어 다닐 권리를 '가질 만하게' 되려면 '고통당할' 필요가 있다고 느꼈어요. 마약을 했고, 학교를 빼먹었고, 밤에 내 차에서 잤어요(아빠나 엄마에게는 친구네 집에 있었다고 말하면서요). 고등학교 졸업반이 되기 전 여름 동안 불가능할 정도의 저체중을 유지하려고 관리했어요. 짜증이 덮쳐 왔죠. 그때 난 그것을 괴물이라고 불렀어요. 나보다 더 큰 괴물이었어요. 피곤했고, 아주 피곤했고, 그 괴물에게 졌어요.

자살을 오랫동안 생각해 오기는 했었지만, 심각하게 시도해 본 적은 그때까진 없었어요. 석 달 정도 계획을 꾸민 끝에 열일곱 살이 되는 생일 바로 전 주에 자살하려고 했어요. 아주 좋아하는 차에서 비 오는 밤, 오전 두 시에 새로 산 큰 칼로 손목을 그었어요. 이미 녹음테이프도 하나 준비해 놨었어요(유서는 너무 진부해서 독창적이고 싶었죠). 그 테이프의 복사본을 두 친구 집 문 앞에 놓아뒀죠. 죽을 준비가 돼 있었어요.

손목을 긋는 일이 내가 상상했던 것처럼 시적이지 않고 쉽지도 않다는 걸 이제는 알아요. 피가 응고되고 기절하는 덕분에 이런 상처로 죽기는 사실 어려워요. 그 저녁은 계속해서 응고되려는 완강한 혈관을 다시 여느라 분주하게 흘러갔어요. 나는 잘 참았고 끈질겼죠. 수술칼을 손에 들고 한 시간 넘게 내 몸을 잘라버리려는 미친 의사라고 스스로 생각하면서요. 죽으려고 내 몸과 싸운 그 전투는 예상치 못한 것이었어요. 힘든 싸움을 한 후에 나는 의식을 잃었어요.

실망스럽게도 나는 내 차에서 깨어났어요. 여전히 혼자였고, 여전히 살아 있었고, 여전히 고통스러웠죠. 아무것도 바뀌지 않았어요. 내 손목이 물에 빠진 것처럼 느껴지고 생살이 었다는 것 말고는요. 뭘 해야 할지 몰랐어요. 멍한 상태로 차에 시동을 걸고 무작정 달렸어요. 팔로 핸들을 겨우 움직여서 간 곳은 내가 정해놨던 내 무덤 자리 근처였어요.

나는 그다음 사흘을 쇼크 상태에서 내 차 안에서 보냈어요. 그동안 어땠는지는 거의 기억나지 않아요. 마지막 남은 2달러는 차를 타고 주문해 사 먹는 근처 가게에서 프렌치프라이를 사는 데 썼어요. 갈아입을 옷도 없고 마른 피를 감출 방법도 없어서 차 안에만 계속 있었어요. 하지만 대부분은 전혀 생각나지 않아요.

집 근처로 다시 가기로 마음먹었어요. 친한 친구 한 명에게 다음에 뭘 해야 할지 조언을 구하려고요. 그 애는 1년 전에 목을 매서 죽으려고 했었는데, 그 애가 나를 도와줄 수도 있을 거라 생각했어요. 그 애를 만나기 전에 샤워를 하고 싶었어요. 그래서 아빠 집에 들러 그냥 욕실만 사용하려고 했죠. 아빠가 일하러 가지 않았으리라고는 전혀 생각을 못 했어요. 집으로 걸어 들어가다가 아빠 차를 봤어요. 아빠가 집에 있다는 것에 놀라 돌아서서 재빨리 집에서 벗어나려고 했어요.

그 순간, 아빠는 어쩐 일인지 앞 창문을 힐끗 내다봤어요. 그리고 달려 나와서 나를 서둘러 따라잡았죠. 나는 감옥에 보내질 거라고 확신했어요. 그런데 감옥 대신 옷가방이 챙겨지고, 전화 몇 통이 오간 후에 나는 정신병원으로 보내졌어요.

청소년 정신과 폐쇄병동에서 3개월 반을 보냈어요. 나와 비슷한 방식으로 느꼈던 다른 아이들을 거기서 만났어요. 수없이 많은 치료를 받았죠. 그리고 내 작은 방에서 다시 자살을 시도했어요. 전구를 깨서 유리조각으로 혈관을 가르는 데 썼어요. 하지만 거기서의 경험은 대체로 긍정적이었어요. 내 상황에 대한 어떤 관점을 얻을 정도로 충분히 오랫동안 내

'가족' 환경으로부터 떨어져 있었기 때문이에요. 그리고 내가 느꼈던 것만큼 절망을 느꼈던 다른 아이들과 마음이 통했어요. 그러나 '치유되지'는 않았어요. 나는 병원의 충고를 거스르고 퇴원했어요. 아빠가 비싼 진료비와 그 병원의 흔해빠진 심리학적 제안에 질렸기 때문이었어요. 퇴원한 다음 날 나는 처음으로 진짜 폭식을 했어요. 몇 달 병원 음식을 먹었던 터라 아빠 부엌에 있는 음식을 집어삼키듯 먹어치웠어요. 그다음 날 나는 다시 한번 다이어트를 하기로 결심했죠.

기분이 나아졌지만, 밑에 깔린 불행의 이유들은 여전한 씨름거리였어요. 나는 더 이상 저녁시간을 내 장례식을 계획하는 데 쓰지 않았어요. 그 대신 다음 날의 메뉴와 운동 다이어트 계획을 준비했죠. 졸업반의 마지막 학기를 (병원학교 프로그램을 이용해 수업을 따라가면서) 다이어트와 폭식을 번갈아 하며 보냈어요. 7킬로그램 정도를 빼고 찌우기를 수도 없이 반복했어요.

열여덟에 대학에 진학하면서 집을 떠난 건 현명한 선택이었어요. 혼란스러운 가정생활에서뿐만 아니라 번잡한 큰 도시에서 벗어난 게 상당한 도움이 됐어요. 천천히 새 친구들을 사귀었죠. 섭식장애는 새로운 모습으로 바뀌어 대학에서 첫 2년 동안은 설사약을 과용하고 폭식하는 결과를 가져왔고, 나머지 2년 동안은 지독한 다이어트를 하면서 체중이 심각하게 줄었어요. 거식증과 폭식증을 위한 지지모임에 참석했지만, 절대로 일대일 치료는 받지 않았어요. 병원에서의 집중치료를 경험한 후에는 현실의 어떤 해결책에도 겁먹지 않았죠.

내게는 상당히 평온했던 대학 시절에도 자살은 여전히 한 역할을 했어요. 가장 분명했던 것이 나의 섭식장애였고, 그건 어느 정도 서서히 내 생명을 끝내려는 시도였어요. 다소 분명했던 건 신경이 쓰일 정도로 어두운 나의 시였고, 순간적으로 떠오르는 자살 생각은 어려운 문제가 생길 때마다 있었어요. 자살은 선택할 수 있는 한 방법으로 그냥 내 마음 한구석에 보관해 뒀죠. 그렇게 하는 것이 더 안전하게 느껴졌어요. 나의 병든 논리는 청소년기 이래로 바뀌지 않았어요.

대학 3학년 때 부유한 친구들은 해외에서 보냈고, 나만 학교에 남겨졌어요. 자살에 대해 계속, 계속 생각했죠. 거의 먹지 않다시피 하며 내내 잠을 잤어요. 마침내 엄마에게 다시 자살하고 싶다고 말했을 때, 엄마는 입원시키겠다고 협박하고는 정신과 의사에게 진찰을 받을 것을 제안했어요. 정신과 진찰실에서 프로작Prozac이라는 우울증 약 처방전을 받아서 나왔어요.

프로작은 내게 작은 기적이었어요. 열여섯 살 이후로 약을 남용하다 말다를 계속했기 때문에 그 작은 녹색과 흰색 알약을 매일 아침 삼키는 게 신이 났죠. 나는 이 알약이 나를 '치유'하고 이 모든 고통으로부터 구원해 주기를 바랐어요. 나는 프로작을 위한 완벽한 환자였어요. 특히 이 약의 몇 안 되는 부작용 중 하나가 식욕억제였기 때문이죠. 그 정신과 의사가 옳았어요. 너무 놀라웠어요. 하루에 20밀리그램으로 수업에 출석할 수 있었고, 새로운 사람들을 만날 수 있었고, 더 많은 식사를 거를 수 있었고, 나를 방에 하루 종일 가둬두지 않을 수 있었어요. 새로운 친구들을 사귀었고, 더 이상 자살에 대해 생각하지 않았어요. 하지만 5개월 동안 엄청난 양의 살이 빠졌고, 캠퍼스 구내 의사에게서 거식증을 진단받았어요. 요새도 프로작을 복용하고 여전히 거식증을 관리하지만, 더 이상 희열을 느끼진 않아요. 나는 그 약 한 알을 2달러에 사도록 보장받았죠.

대학의 마지막 학년은 최고의 해였어요. 거식증은 관리가 됐고, 인생을 즐길 만큼 기분이 향상됐어요. 심지어 몇 달 동안은 내가 '치유됐고', 지난 10년의 고통이 마침내 끝났다고 생각될 정도였어요. 하지만 졸업이 다가오자 잠을 더 많이 자고 덜 먹기 시작했어요. 최고의 1년을 지나 하강하고 있는 것이 틀림없었죠.

이제 나는 대학 졸업자예요. 집으로 돌아왔고 아빠와 살고 있어요. 작년 여름에 일했던 곳에 1년 동안 재고용됐어요. 대학원에 합격했지만 1년 미루고 있는 중이에요. 최근에 내가 깨달은 것은 인생 나머지를 정신병의 저울 위에서 오르내리며 보내고 싶지 않다는 거예요. 병원에서는 전혀 다루지 않았던 그것들에 나는 집중할 필요가 있어요.

말끔하게 포장된 내 미래에서 1년을 떼어내는 것이 겁나기도 하고 꺼려지기도 하지만, 내 한편에서는 도와달라고 비명을 지르고 있어요. 나는 이 간청을 무시할 수 없어요. 거식증은 집에 온 이래로 훨씬 더 심해지고 있고, 건강이 위태롭다는 게 느껴져요. 내게 음식 섭취를 제한하는 건 멋지게 날씬해지는 것이 아니라 죽고 싶은 나의 소원과 관계있어요. 실제로 나는 그 문제에서 벗어나 본 적이 없어요.

대학 졸업생이 자기가 누구이고 어디로 가는지 의문을 품는 건 정상이지만, 아수라장인 내 심리는 '정상적인' 사색 시간을 허용하지 않아요. 친구들이 불평하고 훌쩍거리고 좌절하고 약간 혼란스러워하는 동안, 나는 나 자신에게 굶어죽으라고 말하려고 해요. 내 논리가 이런 걸 허용하는 이유는, 한번 더 말하자면, 내 정신 아래에서 나를 기다리고 있는 것처럼 믿어지는 고통의 홍수를 내가 어쩔 줄 몰라 여전히 두렵기 때문이에요. 많은 면에서 나는 여전히, 이 극심한 고통에서 벗어날 길을 찾아 집을 온통 헤집고 다니는 열여섯 살 소녀예요. 그리고 내 충동은 여전히, 가장 가까운 곳에 있는 칼을 집어 들고 내 몸을 베기 시작하는 것이죠.

시작부터 나는 베아트리체의 심리적 욕구의 성향이라는 면에서 그녀에 관해 생각했고, 이 점을 염두에 두고 평가했다. 내가 등급을 높이 매긴 욕구는 반작용, 자율성, 침범당하지 않음, 이해였다. 이런 것은 그녀가 꽤나 독립적이고 고립되어 있으며 거침없고 기개 있는 성격임을 반영한다.

이 네 가지 욕구는 합쳐져 베아트리체에게 어떤 취향을 만들어냈다. 어느 누구도 그녀를 분신한 젊은 여성 에릴과 혼동하지 않을 것이다. 내가 이 두 여성과 치료를 위해 만났더라면 두 사람과의 상호작용은 아무래도 서로 분명히 달랐을 것이다. 이 두 젊은이와 각각 어떤 심리치료를 진행할 수 있었는지에 관해서는 4부에서 다룰 것이다.

베아트리체는 거의 평생 부모에게 맞서 전쟁을 벌였다. 불행히도 그녀가 어른에게 대항해서 지은 갑옷은 대체로 헤어셔츠hair shirt*임이 판명되었다. 엘더 올샌Elder Olsan의 시 「무장한 사람에게로 가려면Directions to the Armorer」의 마지막 연은 내가 그녀의 치료자와 나누었던 것인데, 떠올라서 적어본다.

갑옷을 만들라
가능한 한 견고하게,
하지만 뒤집힌
원칙에서는, 염려
말라는 것 갑옷이 나를

---

* 헤어셔츠란 과거에 종교적 고행을 하고자 자기 몸을 괴롭힐 목적으로 입던, 털이 섞인 거친 천으로 만든 셔츠다.

숨도록 구해줄까 하고.
그냥 그것을 손봐서 나를
어떻게든 보호하도록—
어떤 보호일지라도—
있을 수 있는 적으로부터,
내면에 있는.[18]

한번은 베아트리체가 자기 고양이들을 언급한 적이 있다. 특이한 종인 그 고양이들과 그녀는 친했고 반작용적인 관계가 아니었다. 그녀가 내게 말했다. "가르랑거리는 고양이는 한 마리도 없어요."

3부

자살의 양상

Aspects of Suicide

"내가 느끼는 것은, 내가 생각하기에, 죽음을 두려워하는 것은 '살아 있는 죽음'과 너무나 가깝습니다. 하지만 내가 견딜 수 없는 것은 외로움입니다. 그래서 그것을 이겨내고자 때때로 애를 씁니다. 하지만 두려운 것은 외로움이 확실히 나를 이길 것이라는 겁니다. 운명이 세상을 이기듯이 말입니다. 이것이 그렇습니다. 아니 지금도 내게 불쑥불쑥 나타납니다."

5장

자살자들의 인생 이야기

사실이란 그 자체만으로도 아주 흥미로울 수 있다. 그러나 사실에 함축된 의미가 훨씬 더 긴요해 보일 때가 있다. 경력 초기인 1969년, 나는 (스탠퍼드대학 교정에 있는) '행동과학고등연구센터Center for the Advanced Study in the Behavioral Sciences'의 연구교수였다. 그해에 나는 5건의 자살 사건들이 실제로 일어나기 예닐곱 해 전에 30명의 남성이 쓴 기록들에서 자살 단서를 놓고 그들 중 누가 그 5명에 속하는지 맞춰내고는 깜짝 놀랐다. 그 사실은 그 자체로도 눈길을 끌지만, 마음속에서는 그것에 함축된 수많은 의미가 떠올랐다. 자살이 일어나기 몇 년 전에 확인될 수 있는 것이라면, 그 의미는 자살이 인생사에 새겨져 있다는 것일까? 불운한 개인이 자기의 운명을 바꿀 수는 없는 것일까? 자살하는 성격상 '타고나는' 것일까? 사람의 인생사는 불변일까? 어느 정도까지 바꿀 수 있을까? 자살을 막기 위해 할 수 있는 일이 있을까? 그렇다면 왜 이 사례들은 예방되지 못했을까?

1969년 스탠퍼드에서 내가 했던 조사연구는 훨씬 더 큰 연구의 아주 작은 부분이었다. 그것은 보통 '터먼 영재 연구Terman Study of the Gifted'라고 불리는 세계적으로 유명한 연구였다. 루이스 터먼Lewis M. Terman(1877~1956)에 관해 이야기해야겠다. 제1차 세계대전 이전에 터먼은 이미 스탠퍼드에서 심리학 교수였고, 프랑스의 지능테스트를 번역해 미국 아동을 위한 표준으로 삼았다. 1916년에 준비된 그 테스트는 '스탠퍼드 비네 지능등급Stanford-Binet Intelligence Scale'이라고 불렸다. 그것은 '정신연령'을 신체연령으로 나눈 지능지수Intelligence Quotient: IQ라는 개념을 도입했고, 수년간 미국에서 가장 널리 쓰이는 심리검사가 되었다.

터먼의 관심사는 지능지수가 높은 아동, 총명한 영재에게 더 집중되었다. 그가 궁금했던 것은 이 아이들이 어떤 아이들인지, 그리고 어른이 될 때, 평생에 걸쳐 어떤 사람이 될 것인지였다.

1921년에 터먼과 그의 연구팀은 중요한 연구를 시작했다. 그들은 캘리포니아에 있는 교사들에게 가장 똑똑한 1학년 아이를 지명해 달라고 요청했다. 그들은 그 아이들을 검사했고, IQ 140 이상인 상위 1%의 아이들을 뽑아서 장기적 변화 과정을 지속적으로 조사하는 '종적縱的' 연구 대상으로 삼았다. 1528명의 아동을 남녀 동수로 선발했고, 부모와 교사, 그리고 연구 대상자인 아동들을 수년에 걸쳐 면담했다. 정기적으로 그 협력 대상자들에게 질의응답지를 작성하게 했다. 일련의 중요한 책들이 『천재에 대한 유전학적 연구Genetic Studies of Genius』라는 무거운 제목으로 스탠퍼드대학 출판부에서 발간되었다.[19] 그 연구는 오늘날까지 지속되고 있고, 이 책이 시작되는 시점에서 볼 때 지금까지 살아 있는 연구 대상자들은 대부분 80대가 되었다. 그 수는 이제 몇백 명으로 줄어들었지만, 그 연구는 세상에서 몇 안 되는 종단 연구 중에서도 주목할 만한 특별한 것이다. 그것은 대상자들의 충실함 덕분이기도 하다.

터먼이 1920년대에 그 연구를 시작했을 때 (공공의 심리와 심지어 교육자들 사이에서) 만연했던 인식은, 아주 총명한 아이들은 대체로 병약하고 적응하지 못하며 제멋대로라는 것이었다. '신경증적'이라고 말하기도 했다. 터먼이 흠잡을 데 없이 실증적으로 밝혀낸 바로는 정반대였다. 총명한 아이들에 대한 **자료**가 보여주었던 것은 그들이 키가 더 크고 더 건강하며 더 잘 발달해서 사회지도자가 되는 경향이 있다는 것이다. 인체는 하나로 전체를 이룬다. 유전자와 운이 너그러워서 어떤 운 좋은 개인에게 더 좋은 뇌를 줄 때 그 사람에게는 또한 더 좋은 골격과 더 좋은 마음도 주는 경향이 있다. 터먼이 발견한 것들은 영재에 관한 교육학적인 모든 사고방식에 변화를 주었고, 그 결과 교과과정이 풍성해지고, 영재학교가 생겨났으며, 무엇보다 그런 아이들이 두루 더 존중되었다. 비범한 정신, 활발한 신체, 잘 적응하는 성격은 완벽하게 양립할 수 있다.

재능 있는 아이는 어른이 되어서도 잘했다. (다빈치, 뉴턴, 다윈, 러셀, 아인슈타인 같은) 천재가 그 그룹에 있지는 않았지만, 불균형적으로 많은 수의 아이가 판사, 의사, 교수, 학장, 작가, 사업 경영자, 그리고 할리우드 (배우가 아니라) 전문가가 되어 캘리포니아 문화의 두 세대를 담당했다. 그들은 『인명사전Who's Who』을 채웠고 아주 유명해진 이도 많았지만, **세계적으로** 유명해질 정도는 아니었다.

중요한 것은 그들이 성인 집단이 되었을 때도 정신이상은 거의 없었고, 이혼율도 (같은 연령대의 일반 대중과 비교해) 더 낮았으며, 알코올의존증에 걸릴 확률도 더 낮았고, 신경정신병동에 입원하는 경우도 더 적었으며, 심리적이거나 인간관계상의 극심한 괴로움의 지표도 더 낮았다는 점이다. 1528명 중 한 사람만이 중죄로 체포되었는데, 그것은 직장에서의 횡령 때문이었다. 사망률도 더 낮았다. 말하자면 터먼의 조사 대상자들은 성장해 가면서 연령별 생존율이 동일 연령대의 일반 인구의 생존율보다 더 높았다. 그러나 자살자는 일반 인구보다 더 많았다. 1970년대 무렵까지 1528명 중 28명이 자살한 것으로 알려졌는데, 이는 같은 연령대의 10만 명당 12명이라는 자살 수치에 비해 뚜렷하게 높은 비율이다.

1969년에 로버트 시어스Robert Sears 교수의 도움으로 나는 터먼 연구 중에서 원칙적으로 비공개인 조사 기록을 볼 수 있었다. 시어스 교수는 터먼 프로젝트의 연구 대상자 중 한 명이었으며, 나중에 터먼 연구의 과학 부분 공동책임자가 되었다(시어스 박사가 1987년에 사망한 뒤에는 마찬가지로 연구 대상자였던 앨버트 해스도프 교수가 책임연구자가 되었다). 자살한 그 28명 중 5명의 남자는 모두 55세를 전후로 2년 사이에 총기를 이용해 자살했다. 나는 이 소규모 하위집단을 대상으로 그 각각을 집중적으로 연구하기로 결정했다. 그 계획은 그 5명에 짝을 이루는 사례 30개를 연구하는 것으로, 15명은 아직 생존하고 있고, 10명은 자연사했으며, 나머지는 자살한 5명이었다. 그러나 내가 받았을 때 그 30개 사례의 기록은 1964년 이후의 모든 것이 삭제되고 각각의 서류철이 편집되어 있어서 누가 누구인지 분간할 수 없는 상태였다. 그 사례들은 한 번에 하나씩 무작위로 내게 보내졌다. 기본적으로 내가 한 일은 (애돌프 마이어Adolf Meyer의 가르침에 따라) 그 각각에 대해 긴 인생 차트를 만들어내는 것이었다. 그것은 개인별·날짜별로 기록한 자료 뭉치를 만드는 일로, 부수적 사건들은 세로 칸에 적었다. 그렇게 한 다음에 나는 그들 각각의 인생에 대해 곰곰이 생각하고 또 생각했다. 각 사례에서 어느 정도 그 인생을 연대순으로 검토하면서, 그 자료들의 순서를 정하고 자살과 관련한 요소들의 수를 염두에 두려고 노력했다. 그렇게 해서 각 사람들에 관해 깊이 알게 되었는데, 물론 전적으로 그 기록들을 통해서였다. 그리고 그 개개인이 일생을 통해 지속적으로 지녔던 심리적 동요와 치명성의 등급을 매겼다.

1년의 그 일이 끝나고(그리고 내가 그 센터를 떠나 UCLA로 돌아가기 전) 나는 시어스 교수에게 보낼 보고서를 썼다.

그 자료들에 대한 나의 분석과 어쩌면 그 자료 자체로도 그 중 어떤 사례 다섯이 자살한 자의 자료인지 자신 있게 말할 수는 없습니다. 내가 할 수 있는 최선은 각 개인의 심리적 동요와 치사율의 등급을 부여해 가장 자살할 것 같은 사람들 11명의 순위를 매기는 겁니다. 만일 그 나머지 19명 중에서 자살한 사람이 있었다면, 내가 어느 정도는 놀랄 겁니다. 그 순위는 다음과 같습니다. …

내가 1번이라고 순위를 매겼던 사람은 정말 자살한 사람이었고, 2번도 자살했고, 3번은 살아 있었으며, 4~6번으로 매겼던 사람들도 자살했다는 사실이 드러났다. 7번과 9번은 아직 생존하고 있었고, 8번과 10번, 11번은 자연사로 죽은 사람이었다. 통계적 확률로 따지면 자살 사례 다섯 중 넷을 선택해 내는 것은 1131분의 1밖에 안 되는 일이다. 그래서 분명히 말할 수 있는 것은 누구라도 충분히 자세히 들여다본다면, 사례사事例史 자료들에는 자살 가능성을 식별해 낼 수 있는 단서들이 있다는 것이다.

내 연구 자료를 근거로 발견한 놀라운 사실 하나는 55세에 자살한 그 사람들에게는 내가 식별할 수 있는 일관된 인생 패턴이 그들의 **20대 후반**에 이미 있었다는 것이다. 인생의 이 단서들을 설명하기에 앞서, 내가 임상적으로 이 다섯 가지 자살의 특징이라고 생각한 것들을 압축해 정리하자면 다음과 같다.

아버지는, 부재할지라도, 자살로 가는 인생 과정의 **출발점**이고, **학교**와 **일**(그리고 열등감과 만성적 **무력감**)은 그 과정을 **악화**시키며, **배우자**는 자살로부터 **구출**하는 데 도움이 되거나 아니면 끝내 자살을 **촉진**하는 역할을 할 수 있다.

그러한 단서는 해당 기록에서 다음과 같이 발견된다.[20]

유아기 단서: 그 자살 사례들에서는 일반적으로 아버지와의 관계가 어머니와의 관계보다 더 결정적으로 중요한 것으로 나타났다. 그 관계는 고통스럽거나 긴장되었고, 그 관계에는 (명백한, 아니면 미묘한) 거부가 있었다. 총명한 14세 소년(55세에 자살)을 가르쳤던 교사의 기록이다. 이 소년의 아버지는 대규모 가구 업체의 소유주인데, "이 아이에 대한 부모의 마음은 서로 다르다. 어머니는 대학 진학을 바라지만, 아버지는 대학이 사업을 이어받을 사람에게는 아무런 가치가 없다고

여긴다. 이 아이는 굳은 결심을 별로 보여주지 않는다. 이론적인 유형에 더 가깝고, 물질보다는 사고를 선호한다." 터먼 교수에게 보내진 그 후의 편지에서 그의 아버지는 자기 아들을 '멍청이'라고 불렀다.

연구 대상 중 가장 성공하지 못한 자: 1968년에 터먼 연구의 연구원이었던 멜리타 오든Melita Oden은 가장 성공한 자로 순위가 매겨진 100명의 대상자와 가장 성공하지 못한 것으로 매겨진 대상자 100명에 관해 논문을 썼다. 그 5명의 자살자 중 3명이 가장 성공하지 못한 집단에 속해 있었고, 가장 성공한 집단에 포함된 자살자는 없었다. 나는 터먼 연구에서 변호사를 한 그룹으로 모아놓은 것을 따로 연구해 보았다. 그 자료에는 그 변호사들의 인생사에 대해 전문가가 형용사를 붙여놓았고, 가장 성공하거나 가장 성공하지 못한 순위가 매겨져 있었다. **가장 성공한** 사람들에게 붙은 형용사(또는 기질 꼬리표)는 '야심적인, 유능한, 경쟁력 있는, 양심적인, 만족스러운, 공정한, 지적인, 외향적인, 합리적인, 책임감 있는, 안전한, 자제력 있는, 진지한, 교양 있는' 등이었다. **가장 성공하지 못한** 변호사들에게 부여된 기질 꼬리표는 '조심스러운, 양심적인, 방어적인, 우울한, 불만스러운, 좌절한, 외로운, 내성적인, 책임감 있는, 취약한' 등이었다. 오직 두 기질, '양심적인'과 '책임감 있는'이라는 표현만이 공통적이었다. 가장 성공하지 못한 자들의 나머지 여덟 가지 기질은 어떤 점에서는 잠재적으로 자살하려는 사람의 성격을 묘사해 준다.

부정적인 지표: 꽤 이른 나이(20세 이전이라고 하자)의 어떤 부정적 지표는 이 그룹에서 차후의 자살과 관련이 있어 보였다. 그런 지표에는 '알코올의존증, 자살 위협, 동성애, 가시적 성취 없음, 우울증, 신경쇠약(비정상적 피로도가 특징인 신경성 탈진), 결혼과 이혼, 호흡곤란(예를 들어 천식, 폐기종 등 숨쉬기 어려움)'이 포함되었다. 여기 한 사람의 예가 있다. 일곱 살 아이의 어머니가 자기 아이는 "가장 순종적인 경향이 있는 아이"라고 썼다. 동시에 아이의 교사는 그 아이가 성취 욕구가 높고, 지능과 독창성은 보통이며, 의지 및 **낙관성**과 진실성은 낮다고 등급을 매겼다. 그 교사가 지적했던 것은 그 아이가 '좋은 가정'에서 태어났지만 침울하거나 부루퉁해 있는 경향이 있다는 것이었다. 여덟 살이 되었을 때 어머니는 자기 아이가 의지가 강하고 자기 방식대로 하기를 좋아한다고 했다. 수업이 쉬워서 성적이 우수하다고도 했다. 열 살에 아이의 부모는 이혼했다. 열두 살 때 교사의 보고는 아이가 아주 훌륭한 학생은 아니며 해야 하는 일만 겨우 하고 정신적으로 게으른 습관을 가지고 있다는 것이었다. 열여섯 살에 그는 고등학교를 평균 C의 성적으로 졸업했다. 대학에는 진학하지 않았다. 20대에는 화가가 되었다. 그리고 결혼을 했다. 제2차 세계대전에 참전한 후 그는 직업이 없었고, 그의 아내는 그가 "미숙하고 불안정하며 무책임하고 낭비벽이 있다"라고 말했다. 그가 바

람을 자주 피운 까닭에 아내는 그를 좋아한다고 말하면서도 그를 떠나버렸다. 그녀는 그를 충동적이고, 낭만적이며, 불안정하다고 말했다. 그는 30대에 잠시 상업 화가로 일했다. 그가 터먼 교수에게 써서 보낸 말은 "나는 당신의 그룹에 초를 치는 사람입니다"였다. 그의 삶은, 소득을 하나의 기준으로 해서 본다면, 오르락내리락했다. 그는 55세에 사망했다.

배우자의 결정적 역할: 이 사례들을 읽으면서 나는 배우자의 행위가 삶과 죽음을 가를 수도 있다고 믿게 되었다. 내가 연구했던 서른 가지 사례 중 배우자에게 적대적이고 지지하지 않으며 경쟁적으로 행동했던 한 아내는 그 배우자가 자살에 이르는 데 간접적인 역할을 했을 수도 있다(이것은 배려가 부족한 남편과 자살 경향이 있는 아내의 경우에도 마찬가지라고 생각한다). 특히 기억에 남는 한 가지 사례가 있다. 남편은 터먼의 연구 대상이었는데, 그는 거의 정기적으로 터먼 교수에게 편지를 보냈다. 그러던 그는, 말이 많고 자기중심적이며 매우 경쟁적인 똑똑한 젊은 여성과 결혼했다. 그녀는 터먼 교수와 서신을 주고받는 일을 차지해 버리고 터먼 교수에게 (다른 대학에서) **그녀가** 제출한 논문의 세세한 것에 관해 긴 편지를 보냈다. 그에 관한 기록들에서 그가 사라져버린 것처럼 보였다. 그녀가 그를 삼켜버린 듯했다. 나는 혼잣말을 했다. "아니 이런, 그가 곤란해졌군." 그리고 그가 다섯 명의 자살 사례에 속할 것이라고 생각했는데, 역시 그랬다(물론 그 아내 말고도 자살을 가리키는 다른 지표가 여럿 있었다).

어떤 식으로든 더 깊은 수준에서, 즉 더 이론적인 수준에서 말하자면, 이 자살자들의 인생에 들어 있는 요소들은 아동기나 청소년기의 거부당함, 열망과 성취 사이의 격차, 어린 시기(청소년기 이전)의 불안정함이다. 그보다 더 깊은 수준에 있는(그리고 훨씬 더 추측에 근거한) 인식은, 똑똑한데 자살한 사람들은 자기가 아버지 사랑을 받지 못했다고 믿고 인생 내내 상징적으로 그 사랑을 추구하지만 성공하지 못하며, 결국은 속죄라는 특이한 행동으로 마술처럼 그 사랑을 얻어 거부당한 고통에서 벗어나기를 바란다는 것이다. 자살했던 그 영재들의 내면에는 그를 '승인해 주는 부모'라는 난쟁이가 없었다. 말하자면, 긴 인생을 사는 데 필수적이라 생각되는 강한 마음을 갖지 못했다는 것이다. 멜리타 오든은 인생의 성공을 위한 '마술적 결합'이 영재들에게는 단순한 것이 아니라고 썼다. 내가 그 말에 덧붙이고 싶은 것은 자살을 위한 마술적 결합 역시 확실한 요소와 미묘한 요소의 결합이며 단순하지 않다는 것이다. 많은 요소가 있지만 어느 한 요소도 단독으로 충분조건으로 보이지 않으며, 비록 견딜 수 없는 심리적 고통의 영향력이 가장 가까이 있는 요소를 부식시키지만 자살 사례에는 그 많은 요소가 공존한다. 부정적이고 죽음을 부추기는 요소들이 정상적인 일상의 우리 삶에 편재하는 생명 유지의 습관들을 눌러버리게 되면 그것이 자살 사례가 된다.

지금까지 우리는 터먼 연구 대상 중 남성에 관해 이야기해 왔다. 이제 한 여성을 살펴보자. 나탈리는 나이 마흔에 신경 안정제를 과다 복용해 자살했다. 내가 큰 줄거리만 남은 기록을 가지고 '무턱대고' 추정한 것은 아니다. 나는 그녀의 서류들을 보기 전에 그녀가 자살했음을 이미 알고 있었다. 이 슬픈 사례를 그 기록들이 보여주는 대로 연대적으로 이어보자.

　그녀의 출생 상태는 '완벽하게 정상'이라고 기록되었고, 4개월 동안 모유 수유를 받았다. 유아기 때는 잠을 잘 잤다.

　다섯 살이 반쯤 지났을 때 댄스 수업을 받았는데, 아주 좋아했고 춤에 재능이 있음을 보였다는 기록이 있다. 그녀가 여섯 살이 되었을 때 그녀 어머니는 자기 친구에게 보낸 편지에 "나탈리는 에드거 게스트Edgar A. Guest의 시를 제일 좋아한단다"라고 쓰면서 이렇게 적었다. "나탈리의 모든 질문에 내 능력이 닿는 한 상식적으로 대답해 주려고 애쓴단다. 이해력이 좋고, 논리를 따라 잘 듣거든. 배우고 싶어 하도록 자극할 필요가 없는 아이야. 나탈리는 자기보다 나이 많은 놀이 친구가 아는 것이 있으면 늘 자기도 그것을 알고 싶어 하고 자진해서 배우려고 애쓰거든."

　나탈리가 여섯 살, 1학년일 때, 스탠퍼드 비네 지능검사를 받았다. 한 가지 항목을 놓쳤는데도 IQ 153이라는 두드러지게 높은 총점을 받아 극히 우수한 범주에 속했다. 놓친 그 한 문제는 "어제 경찰이 한 소녀의 시신을 찾았는데 열여덟 조각이 나 있었다. 경찰은 그녀가 자살했다고 믿었다. 이는 왜 어리석은가?"였다. 그 아이의 틀린 예언의 답변은 이러했다. "그녀는 자살하지 않았을 것이다." 어쨌든 심리학자들은 그 아이가 전반적으로 빈틈없고 총명하다는 점에 주목했다.

그런데 일곱 살 때 나탈리의 인생에서 아주 중요한 사건이 벌어졌다. 아버지가 어머니를 버린 것이다. 그녀는 훗날(35세) "아버지는 딱 한 번 말고는 나를 전혀 보러 오지 않았다"라고 뚜렷한 슬픔을 담아 적었다.

그녀 아동기의 의료 검진 기록이 있다. 여덟 살 때 학교 주치의가 기록한 것으로, "다소 긴장하며 과민반응 경계선에 있다"라고 되어 있다. 열한 살 때 학교 기록상에는 성이 바뀌어 있는데, 어머니가 이혼하고 재혼했다는 사실을 반영한다. 담임교사의 보고서에는 "이해력이 좋고 합리적인 사고를 지닌 어린이로서 때때로 가족을 놀라게 한다", "두드러지게 예의 바르고 재치 있는 어린이"라고 기술되어 있다.

그 보고서에는 열두 살에 대한 기록이 몇 개 있다. 두통으로 자주 힘들어했고, 안경을 처방받았다. 생리를 시작했다. (7학년 때는) 모든 과목에서 A 학점을 받았고, 대학에 가고 싶어 했으며, 무용수도 되고 싶어 한다고 적혀 있다. 담임교사의 기록에 따르면, 그녀는 뛰어나게 총명하지만 "지도력을 발휘할 기회에서는 움츠러든다". 이 무렵에 그녀가 쓴 편지에는 새아버지가 헌신적이고 친절하게 대해준다고 썼다.

그녀는 고등학교를 마치고 대학에 갔지만 졸업하지는 않았다. 대학 시절에 그녀는 터먼 교수와 친밀한 사제 관계를 지속적으로 발전시켰다. 그녀는 그에게 수년 동안 자세하게 편지를 썼다. 그녀 자신의 말로 '성공하지 못한' 그녀가 스물다섯 살에 가진 '궁극적인 목표'는 '주부로 성공하는 것'이었다 (이때가 1930년대였다는 것을 기억해야 한다). 그녀는 결혼했고, 거의 곧바로 임신했다. 이후 2년 동안 그녀와 남편은 도시 다섯 곳을 옮겨 다니며 살았다. 그녀는 "어떤 곳도 흥미를 갖기 어렵네요"라고 썼다.

그녀의 기록에는 5년의 공백이 있다. 서른 살에 두 아이 어머니였고, 편지에서 "걱정하고 극도로 불안해지려는 경향"을 보고했다. 그녀의 남편은 술을 꽤 많이 마셨다. 그녀의 신체적 상태와 심리적 상태에 극적인 변화가 있었다. "너무 피곤해서 창문을 닦을 수 없을 정도"라고 편지에 썼다. 또한 옆구리에 찌르는 듯한 통증이 있다고 말하자 의사가 그녀에게 '신경성'이라고 말했다고 보고했다. 자신이 "만성적으로 지치고 피곤하고 결혼 생활이 매우 불행"하다고 편지를 썼다.

다음은 서른다섯 살 때 터먼 교수에게 쓴 고통스러운 내용의 편지다.

스물다섯이 될 때까지 세상에 이런 것들이 문제가 될 줄 몰랐습니다. 하지만 그 후로 사랑스러운 두 아이가 있다는 것과 엄마와 내 관계가 완벽한 것을 제외하면, 애써야 하는 일들이 꼬리에 꼬리를 물고, 실수를 하고 또 합니다. 남편과는 끊임없이 다툽니다. 천번만번 이혼하고 싶었지만, 여전히 그것이 해결책이 아니라는 것을 압니다. 우리 둘 다 깨진 가정에서 자랐고, 둘 다 우리 아이들을 무척 사랑합니다. 그는 밤에 너무 자주 술에 취해 들어옵니다. 술값을 감당하지도 못하면서요. 영수증 보기를 거부하면서 "왜 당신은 저축해 놓지 않았냐"고 합니다. 나는 말할 사람이 아무도 없어요. 궁지에 몰린 느낌입니다. 엄마의 막내 동생, 또 가장 가까운 내 이웃, 둘 다 1년 전쯤 한 달 사이에 스스로 목숨을 끊었습니다.

이 편지에서 그녀는 아버지에 관해 이야기했다. "멀리서 아버지를 아주 좋아했습니다. 어쩌다 만나는 것이 만족스럽지 못했습니다. 아버지는 아주 머리가 좋은 사람입니다. 하지만 **내게는 아버지가 소용없었습니다.** 20분 떨어진 거리에 살면서도 지난 2년 동안 우리 집에 겨우 한 번, 몇 분 동안 들렀을 뿐입니다."

이듬해에 쓴 편지에서는 아이들에 관해 말했다.

우리 아이들은 착합니다. 그런데 큰애가 여전히 손톱을 물어뜯고 동생이랑 끊임없이 싸웁니다. 그것은 내 이기심의 결과입니다. … 마음을 털어놓았더니 조금 부끄럽네요. 마음속으로 내가 행복하고 여유 있고 쓸모 있는 인간이 될 수 있으리라는 것을 의심해 본 적은 없습니다. 그런데 거기까지 가는 데 시간이 이렇게 오래 걸리네요.

3년 뒤 나탈리가 서른아홉 살 때 남편과 별거했다. "그의 폭력적인 기질과 이기심과 음주" 때문이었다고 다른 편지에서 언급된다. 그 아홉 달 뒤에는 이혼했다. 이혼이 확정되고 (그리고 남편은 이미 재혼했다) 4개월 후 그녀는 자살했다. 그녀는 생전에 아버지에게 받아들여지고 싶은 욕구와 씨름했다.
그녀는 유서 세 개를 남겼다.

전남편의 아버지에게: 아버님, 아버님이 저를 대해주셨던 것보다 더 친절하거나 너그러운 사람은 없을 거예요. 제가 이러는 걸 이해 못 하실 줄 알아요. 용서해 주세요. 도커스 씨가 제 유언장을 가지고 있어요. 모든 것이 균등해요. 내가 가진 값나가는 몇 가지, 팔찌나 결혼반지, 나나의 다이아몬드. 누군가를 시켜서 들어와 치우게 해주세요. 밥에게 아이들을 당장 데리고 가게 해주세요. 아이들이 여기 머무르지 않았으면 해요. 당신은 정말 좋은 아버지입니다.

전남편에게: 밥, 모든 종류의 실수를 내가 우리 딸들에게 하네. 그 아이들에게는 인도해 줄 사람이 있어야 하고 그 일

은 매일 더 엄청나 보여. 아이들은 당신을 사랑해. 낸시는 당신을 아주 그리워하고, 무슨 일이 일어난 것인지 모르고 있지. 당신이 완전히 새 인생을 세웠다는 것을 알지만, 딸들을 위한 자리를 조금 내주고 그 애들과 같이 있어줘. 당신이 가는 곳에 데리고 가. 단 몇 년 동안이면 돼. 베티는 거의 자립할 준비가 되어 있기는 하지만, 낸시는 당신을 절대적으로 필요로 하는 아이야. 낸시는 도움이 필요해. 그 애는 당신이 자신을 사랑하지 않는다고 진심으로 생각하고 있어. 하지만 낸시는 자존감을 위해 자기가 할 일을 하도록 만들어줘야 해. 낸시는 아직 상처를 많이 받지는 않았어. 딸들이 내가 최근 지나온 길을 계속 가게 된다면 미래는, 아! 바버라는 따뜻하고 친절하고 여유 있는 것처럼 보여. 그래서 하느님께 기도해. 그녀가 내 딸들을 그저 조금만 이해하고 잘 대해주기를. 그 애들에게 필요한 것은 행복한 두 사람이야. 아프고 우왕좌왕하는 엄마가 아니라. 돈이 조금 있을 테니 가외로 드는 일에 보탬이 될 거야. 약값과 진찰비보다는 그렇게 쓰는 게 더 좋은 거지. 하느님이 상황을 변화시켜 주시길 바랐지만, 행복하길, 제발 우리 딸들 옆에 있어줘. 그리고 딱 한 가지, 당신의 아버지에게 잘하길. 아버님은 나를 도우려고 할 수 있는 모든 것을 하셨어. 아버님은 우리 딸들을 많이 사랑하잖아. 그러니 그 애들이 할아버지를 자주 뵈어야 해. 나탈리.

두 자녀에게: 내가 가장 사랑하는 우리 딸들, 너희 둘은 엄마 인생에서 가장 훌륭한 존재란다. 내가 한 일을 용서해 주겠니. 그러도록 노력해 주렴. 아빠가 너희에게 훨씬 더 잘해줄 거야. 얼마 동안은 더 힘들 테지만, 길게 보면 훨씬 더 쉬워질 거야. 내가 너희를 뒤죽박죽으로 만들고 있구나. 존중과 사랑은 거의 같은 거란다. 그걸 기억해라. 그리고 제일 중요한 건 자기 자신을 존중하는 거야. 너희가 그렇게 할 수 있는 유일한 방법은 너희 할 일을 하고 자립하는 것을 배우는 것이란다. 베티야, 행복했던 시간들을 기억하려고 노력하고 낸시에게 잘해주길 바란다. 동생을 돌보겠다고 약속해 주렴. 너희를 아주 많이 사랑한단다. 하지만 미래에 올 것을 내가 마주할 수가 없구나.

전남편에게 쓴 편지는 괴로운 '**내 탓이요**mea culpa'다. 그녀는 비난을 짊어지고 그에게 간청한다. 술을 너무 많이 마셔서 함께 사는 것이 거의 불가능했던 남자에게 딸들에게 잘해줄 것을 간청한다. 그리고 그녀는 자기 딸들을 위해 전남편과 새엄마에게 안정된 사랑의 가정을 만들 것을 부탁한다. 자기 부모에게는 유서를 남기지 않았다. 그들 둘 다 생존해 있고, 물론 각기 살지만 근처에 있었는데도 말이다.

나탈리가 자녀에게 남긴 유서는 모순되고 일관성 없는 말로 채워진다. 함축된 논리적 주장이 긍정과 부정 사이를 오락

가락하면서 어떤 다짐도 없다. 그녀 말은 사실상 너희가 아버지와 지낼 것이고, 너희가 아버지를 사랑해야 하며, 너희가 아버지를 사랑할 수 없다는 것을 내가 알고, 그래도 너희는 그를 존중해야 한다고 말하는 셈이다. 그러고 나서 그녀는 '존중'이라는 단어를 멋대로 연결시켜 아주 변변치 않게 주장하기를, 사랑과 존중은 어쨌든 거의 같은 것이라고 말한다. 그리고 그 논증이 설득력이 없다면(그 논증은 설득력이 없다), 누구든 최소한 자기 자신을 존중해야 한다고 말한다. 헤매고 있는 논리다. 그러고 나서 그녀는 딸들에게 반드시 자립하라고 하지만, 또한 자신이 스스로 생명을 거두는 것이 딸들이 아버지와 재결합하게 하기 위한 것이라는 점을 암시한다. 그렇게 그녀는 **자신의** 아버지와 재결합하기를 갈망했는지도 모른다.

정신적 고통의 어떤 깊은 심리적 가닥들이 이런 행동을 하게 했을까? 그녀의 인생에 관해, 특히 아버지와의 미묘한 상호작용에 관해 읽고서 우리가 알 수 있는 것은 그녀의 자기거부적 태도의 악성적 기원이다. 결국 그녀는 너무 정신없이 찾아다니며 아주 많은 고통 속에 있었던 탓에, 아동기에 상실한 사랑을 느껴보기 위해서라면 무엇이든 주고 자신의 생명을 포함한 어떤 제물이라도 바치게 되어 있었다.

그녀는 자살로써 자기의 어린 시절 인생 드라마를 재연했다. 부모가 함께 있으면서 그녀를 사랑해 주는 것에 대한 갈망을 재연한 것이다. 이 오도된 상징적 희생으로 그녀는 자녀들에게 연합된 가정을 주는 대신에 가장 충격적이고 트라우마가 남을 방법으로 자녀들로부터 친모를 박탈했다. 아버지가 제일 좋아하는 사람이 되는 것, 돌보고 돌봄을 받는 것, 자기 자녀들과 행복한 가정에서 상징적으로 재결합하는 것을 원하던 그녀의 열망은 그녀의 인생에서와 마찬가지로 죽음에서도 실현되지 못했다.

나는 아동기에 형성된 성격이 사춘기와 성인기에 중대한 변화를 겪을 **수 있고**, 어쩌면 나이 제한 없이 그러한 변화가 있을 수 있다고 생각한다. 역설적으로, 우리는 아주 다른 두 원인으로 인해 심리치료를 받는 사람들을 경험하면서, 즉 환경 전체가 정신병적인 전쟁터에 오래 머물다가 귀환한 사람들, 그리고 가정만이 안전한 곳이 아니어서 불행했던 환자들을 경험하면서, 유익한 변화가 가능하다는 것, 특히 (모든 경우에 그런 것은 아니지만) 심리치료를 통해 유익한 변화가 가능하다는 것을 배웠다.

6장

소속 욕구
카스트로 리에스의 사례

어느 카리브해 국가에서 미국으로 건너온 부모에게서 태어
난 카스트로 리에스는 흔치 않은 방법으로 자신에게 총을 쐈
다. 어떻게 했는지 모르지만 그는 MACMilitary Armament Corpora-
tion 45구경 전자동권총과 할로포인트 탄환*을 입수했다. 그
가 정확히 무엇을 했는지 그려보기란 어렵다. 나는 그것을 세
세히 그에게 물어볼 생각이 전혀 없었다(총상을 입은 그를 보았
을 때 그런 질문은 급해 보이지 않았다). 그러나 총을 머리 오른쪽
에 겨누고 방아쇠를 당긴 것이 틀림없어 보였다. 두 발이 순
간적으로 발사되었다. 그 총알들이 얼굴을 찢었고, 많은 치아

---

* 할로포인트 탄환은 탄자를 절개해 관통력이 줄어드는 대신에 착탄
시 찌그러진 탄자가 생체조직을 헤집어 훼손과 출혈을 극대화한다.

와 혀의 대부분, 코와 턱뼈의 일부분을 날려버렸으며, 오른쪽 눈을 망가뜨렸다. 순식간에 벌어진 일이었다. 얼굴은 피범벅으로 엉망이 되었지만, 부산스러운 두뇌는 손상되지 않았다. 회복할 수 없는 새로운 고통을 기억하게 되었을 뿐.

그 특이한 총상은 그의 별난 점들을 비춰주었다. 그는 미국 남서부의 작은 마을에 살았다. 비범하게 총명했고(신의 선물), 부모가 카리브해 출신인데도 스페인어는 할 줄 몰랐으며, 진정한 독학자로서 일찍 스스로 글을 깨쳤고, 무엇보다 로마 황제들에 관해 진지하게 공부했다. 한편 그에게는 심리적으로 불안정한 어머니가 있지만 아버지는 없고 이야기 나눌 사람도 없었다. 즉, 지적으로 고립되고 인간관계가 단절된 사람이었다. 잘생기고 혈기왕성하며, 절차나 원칙을 무시하기를 즐기고 기득권에 저항했다. 그리고 그가 속한 사회 내에서 양성애가 (아직) 금기였을 때 양성애자로 널리 알려져 있었다.

그 의료센터에서 (죽음학thanatology 교수로) 일하던 나는 그를 만나라는 전화를 받았다. 그가 총상을 입은 지 일주일 정도 지난 뒤였다. 전화한 젊은 의사는 "이 환자는 골칫거리예요"라고 말했다. 그 통화를 통해 나는 이 환자가 '젊은 라틴계 남성'이고 아마도 조현병을 앓고 있으며 어쩌면 지적장애가 있을지도 모른다고 생각했다. 그 통화에서 내게 요구된 목표는 그를 더 다루기 쉽게 만들어보라는 것이었다. 그 환자가 주사를 놓으려는 간호사를 때리려는 동작을 취했다는 것이었다.

그때 그의 얼굴은 온통 붕대로 감겨 있었고, 그는 완전한 어둠 속에 있었다.

그 병동, 그의 침대로 가서 나는 목을 가다듬고는 그에게 도우러 왔다고 말했다. 종이 한 묶음과 볼펜 몇 개를 가지고 갔다. "우리 이야기 나눌 수 있을까요?" 그렇게 시작되었다. 몇 주 후 그의 왼쪽 눈에서 붕대가 벗겨지자 그는 종이에 글을 쓸 수 있을 만큼 볼 수 있게 되었다. 한 문장만으로도 나는 그가 언어(스펠링과 문법)에 비범할 정도로 완숙하다는 것을 충분히 알 수 있었다.

어느 정도 격식을 차린 문장이며, 상당히 유창하고 거창하게 표현하는 문체였다. 어휘력도 놀랄 만했다. 그는 절대로 정신이 박약하지 않았다. 정신적으로 혼란하고 심리적으로 깊은 문제를 분명 안고 있었지만, 그 정도가 정신분열적이라 할 만큼 강하지는 않았다. 일부 전문가는 그가 '과도 관념적 정신분열적 전조증상over-ideational pre-schizophrenia'이라는 것에 해당한다고 여길 수도 있었겠지만 말이다. 그가 나와 곧 관계를 형성할 역량이 있었다는 점은 그의 상태가 정신병적이 아님을 바로 보여주는 지표였다. 우리는 환자가 의사를 신뢰하는 그런 관계로 들어갈 수 있었다. 우리는 매일 만날 약속 시간을 정했다. 우리 둘 다 그 시간을 고대했다고 말하는 것이 나는 무안하지 않다.

애초에 '개인적' 주제들에 접근할 수 있어 보였기에 나는 그와 소통하기로 마음먹었다. 특이한 분야 중 하나에 대한 그의 난해한 관심사에 관해서 내가 말하면 그가 글로 썼다. 고대 로마 황제에 관한 것이었다. 나는 아우구스투스, 칼리굴라, 네로 등에 관해 철저히 공부했다. 누군가 우리의 이런 초기 면담 중 한 회기에라도 참여했다면, 고대사에 관한 대학의 개별 지도 시간이라고 생각했거나, 아니면 치료자가 제정신이 아니라고 생각했거나 둘 중 하나였을지 모른다. 그러나 그것은 우리 둘 사이에 이루어진 교환이었다. 그가 생각하기에 그것은 **자신의** 주제인 로마 역사에 관한 어떤 것을 놀랍게도 알고 있는 치료자와 대화하는 것이었다. 그리고 내가 생각하기에 그것은 그의 친밀 욕구를 채워주는 일이었다. 그 욕구가 좌절됨으로써 그가 극한으로 몰렸기 때문이었다.

카스트로는 결코 고아가 아니었다. 그는 제자리에 놓이지 못한 사람에 더 가까웠다. 그는 본의 아니게 '고립된 사람 isolato'이었다.[21] 고향 마을에는 대화할 사람이 거의 없었다. 비밀을 터놓고 의논할 수도 없었다. 무엇보다 그는 친구를 찾고 있었다. 그에게는 다른 사람과 친해지고 싶고 친구를 사귀고 싶은 욕구가 강렬했다.

이 장은 편지로 된 기록이다. 거의 전체가 그가 쓴 편지로 이루어졌다. 그가 쓴 것은 거의 200편 이상으로, (병원 침대에서 쓴) 노트나 (집에서 써서) 내게 배달된 편지다. 그의 치아와 혀가 망가지고 아래턱이 손실되어서 그의 말은 거의 알아들을 수 없었다. 그러나 그는 언제든 쓸 수 있었다!

그 사고

총상이 있은 지 몇 주 안에 카스트로는 그 끔찍한 순간에 있었던 일을 후기처럼 죽 적었다('그림 1'을 참고하라). 그다음에 나는 카스트로에게 지금은 그와 내가 '그 사고'라고 부르는 것 이전에 있었던 일들을 되돌아보면서 자세히 써달라고 부탁했다. 그는 열여섯 장의 이야기로 답했고, 다음은 그 인용이다.

나는 할 수 없는 일을 그만뒀다. 이로써 나는 다른 사람을 빨리 찾지 못하면 쫓겨나게 됐다. 내 자리를 나눠줄 사람을 찾을 수 없었다. 메리언[그의 남자 친구]에게 가지 말라고 설득할 수도 없었다. 나는 입맛을 잃었다. 그 시기에는 겨우 몇 시간 잘 뿐이었다. 나는 [식당에서] 긴 시간 일했다. 집에 온다는 건 내게 또 다른 전쟁을 걸어오는 또 다른 사람이 있는 곳에 오는 것일 뿐이었고…. 내 은밀한 제단에 갔지만, 거기에도 평안은 없었다. 생각했다. 무엇을 할 것인가? 할 수 있는 모든 것을 해왔지만, 여전히 가라앉고 있었다. 거기 앉아 오랫동안 답을 찾았지만, 고요한 바람만 있을 뿐 아무런 대답이 없었다. 내가 했던 말이 기억난다. "이 날들이 세상의 마지막인가?

Of the times after the shot:

The first thing that I remember was a tremendous explosion of lights like fireworks consumed within brilliant radiance. This was followed by a terrible onslaught of pain. I can't describe fully the pain that I felt. One can only imagine it. To even think of that moment brings back pain within. Imagine if you will having a arm or a leg being shredded in a meat grinder and being fully conscious during the grisly act. But as I lay there I thought to myself i shall be dead soon. Thus did this pain become glorious. It, the pain, becoming a army rallied to the side of death to help destroy my life which I could feel leaving my body in the rushing surges of blood leaving my body. After the lights I could not see anything i was engulfed in darkness.

그림 1. 카스트로 리에스의 편지 일부("총상 이후의 시간에 관하여")

"내가 기억하는 첫 번째 것은 불꽃놀이 같은 빛의 거대한 폭발이었다. 그 빛들은 눈부신 광선 속으로 삼켜졌다. 그 뒤로 내가 묘사할 수 없는 끔찍한 도살의 고통이 따라왔다. 내가 느꼈던 것은 온통 고통이었다. 그 순간을 생각만 해도 되살아나는 내면의 고통은 그 누구라도 상상만 할 수 있을 뿐이리라. 당신 팔이나 다리가 고기분쇄기 안에서 찢긴다고 상상해 보라. 그 끔찍한 행위가 일어나는 동안 의식이 온전한 상태라면 말이다. 그러나 이 생각을 내려놓고 난 곧 죽을 것이다. 따라서 이 고통은 영광이 될 것이다. 그것, 그 고통은 죽음의 편에 연합군이 되어 내 생명을 파괴하도록 돕는다. 피가 솟구치며 생명이 내 몸을 떠나는 것을 느낄 수 있었다. 그 빛 이후 어떤 것도 볼 수 없게 됐고, 나는 암흑 속에 빠졌다."

무엇이 답인가?" 나는 들었다. "기다려." 내가 떠날 때 그 대답이 머릿속에 있었다.

이제 모든 것이 명확해졌다. 죽는 거다. 다음 날 이웃이 내게 총을 사겠냐고 했다. 그 총을 샀다. 첫 번째 든 생각은 이것이 어떤 엉망진창을 만들어주겠구나라는 것이었다. 그날 사람들에게 작별 인사를 하기 시작했다. 실제로 말한 것이 아니라 침묵으로 표현했다. 일요일에 교회에 갔다. 무엇을 해야할지 갈팡질팡했다. 그 일요일에 누이에게 작별 인사를 했고, 집으로 되돌아가지 않았다. 그날부터 밥을 먹지 않았다. 잠도 자지 않았다. 메리언은 여전히 내 귓속에서 소리를 지르고 있었지만, 나는 마음에서 그의 목소리를 줄곧 잘라버렸다. 하나씩 하나씩 나는 세상으로 향하는 외부 채널을 꺼버렸다. 라디오 음악은 왜곡된 멜로디의 잡음이었다. 내가 계획해 왔던 두 사람을 위한 파티가 이제 설계됐고 거기에 필요한 모든 것이 준비됐다. 메리언과 말다툼을 하기는 했지만, 여전히 나는 그를 친구라고 부를 수 있었다. 그리고 그렇게 나는 남을 것이었다. 하지만 나는 그 밤을 그가 그의 마지막 날까지 평생 동안 기억할 밤으로 만들었다.

이 마지막 날들은 뒤죽박죽됐다. 내 마음은 내 목표에 갇혔다. 놀러 나가자는 말을 들었을 때도 나는 가지 않았다. '이제 곧 끝날 텐데'라는 생각이었다. 내 생각 깊이 박혀 있던 말들이 기억난다. 나는 이제 영원히 싸우지 않을 것이다. 내가 죽음으로써 내 마음속 마지막 꿈에서 살아갈 것이다. 오랫동안 찾아 헤매던 평화를 얻을 것이다. 이것이 내 소망의 마지막 가닥이었다. 나는 내가 앞날을 보기를 원하지 않는다는 것을 알았다. 많은 전투를 치렀기 때문이었다. 오랜 시간 치른 그 전쟁은 내게 큰 타격을 줬다.

내가 두려워한 모든 것에 굴복하는 나 자신을 생각할 수 없었다. 내 두려움의 군대가 나를 둘러싸고 있었다. 이 시간을 피할 길을 알지 못했고, 벗어날 계획도 없었다. 생명이라는 내 군대와 그 보급품. 많은 군자금. 살아남고 이길 계획과 의지를 가진 대장들. 그것은 부서지고 패했다. 나는 적과 그 대군이 침입해 들어온 전쟁터에 홀로 남겨진 장군 같았다. 두려움, 증오, 자멸. 내 마음속에서 악마는 항복하는 것이 얼마나 쉽냐고 내게 말한다. 하지만 언제나 나는 내가 주도권을 잡아야 한다고 느꼈다. 내 환경을 통제해야 한다고 느꼈다. 나는 혼자였고, 항복하기보다 죽기를 추구했다. 남은 명예의 마지막 파편을 간직해야 했다. 절대 항복하지 않을 것이다. 할복할 것이다. 나는 결국 그 전쟁에서 졌다.

죽음은 내가 방아쇠를 당기기 오래전 나를 집어삼켰다. 나는 나 자신 안에 갇힌 채 마지막 일격을 당했다. 내 눈을 통해 세상이 나와 함께 사라지는 것 같았다. 이 세상이 끝나도록 내가 마지막 버튼을 눌러야 할 것 같았다. 나는 아주 약하고, 정신의 전쟁으로 피폐해졌으며, 더는 싸울 수 없다고 느꼈다.

모든 것이 빛나기를 멈추는 때가 오고, 그때는 희망의 빛줄기가 상실된다. 나는 나 자신을 **죽음**의 두 팔에 맡겨버렸다.

　우리가 전에 보았던 숨길 수 없는 징후들, 즉 심리적 고통, 좌절된 욕구, 옥죄는 느낌, 고립, 혼란스러운 논리, 깊은 절망은 여기서도 아무런 어려움 없이 발견된다.

　입원 초기에 그는 이렇게 썼다. "나는 그 전날 밤 한 시간 정도 바깥에 나갔다. 잠옷 바람으로 바깥 계단에 혼자 있었다. 꽤 서늘한 밤이었다. 달이 구름 사이로 나왔다. 부드러운 바람이 불었고, 나는 느긋해져서 계단에 앉아 별을 한참 동안 바라보았다. 밤하늘을 바라보면서 무척 평안해졌다. 방해받지 않고 생각에 잠길 수 있는 시간. 기억나는 것 하나는 아주 큰 우주에 비해 인간은 얼마나 작은지를 생각했다는 것이다."

　이 마지막 줄을 읽으면서 내가 지금껏 보았던 가장 유별난 유서 중 하나가 떠올랐다. 그것은 일본의 추젠지 호수에 있는 장엄한 게곤 폭포 근처의 삼나무에 새겨져 있었다. 그 장소와 그 유언은 일본 학생들에게 널리 알려져 있다. 그것은 후지무라 미사오藤村操가 새긴 것이다. 그는 카스트로가 자신에게 총격을 가한 나이와 똑같은 스물다섯 살 때 이 폭포 위에서 몸을 던져 자살했다. 그것은 거의 한 세기 전인 1903년의 일이었다. 몇몇 친구들이 그 유언을 내게 번역해 주었다.

게곤 폭포, 절벽 꼭대기에서의 느낌*: 이 오척소구五尺小軀로 평가하기에 세상은 너무도 넓고 역사는 너무나 길다. … 모든 존재의 본질은 이해를 넘어서 있다. 나는 이 문제를 안고 죽기로 결심했다. … 이제 이 절벽 꼭대기에서 내게는 아무 걱정이 없다.

후지무라 미사오의 유서에는 자연과 더 많은 교감이 담겨 있고, 카스트로의 글에는 자신에 대한 염려가 더 많다. 그렇지만 별을 바라보는 사람이라면 누구든 한 인간이 겪는 신경증의 보잘 것 없는 크기와 은하수의 장대한 규모를 비교해 보며 겸손해지는 것은 동서를 막론하고 보편적인 경험이다. 내가 생각하기에 그러한 경험은 심리적 고통의 보편성과 편재성에 말을 건넨다.

가족

"행복한 가정은 모두 비슷해 보이고, 역기능 가정은 모두 제각각 불행한 방식이 있다." 톨스토이의 소설 『안나 카레니나』의 첫 문장을 바꿔본 것이다. 카스트로의 가족으로는 어

---

* 암두지감巖頭之感이라는 제목으로 써놓은 유서로 유명하다.

머니, 사라진 아버지, 그리고 그와 비슷한 새아버지, 사랑하는 누나, 그리고 그가 지독히 증오한 남동생이 있었다. 그는 이렇게 썼다. "나의 가계는 이탈리아, 스페인, 피레네산맥, 스코틀랜드, 아일랜드로부터 아파치 인디언 부족과 일부 캐리비안 해적까지 거슬러 올라간다. 모든 인종이 조금씩 섞인 것이다. 나는 그것을 '로만 인디언Roman-Indian'이라고 생각한다." 그의 머리카락은 굵은 흑발이고, 짙은 눈썹에 전체적으로 까무잡잡했다.

다음은 편지에서 인용한 것이다.

선생님이 내게 말하는 방식을 정말 좋아합니다. 솔직하고 정곡을 찌르지만, 소리를 지르거나 불필요한 것을 말해서 상처를 주지는 않으니까요. 내가 자랄 때 그런 식으로 말하는 것을 배웠다면 좋았을 텐데. 그랬다면 제가 다른 유형의 사람이 됐을 것이라는 생각이 듭니다. 자랄 때 엄마가 무서웠습니다. 엄마가 때릴까 봐 겁이 났습니다. 엄마는 내게 말을 한 적이 없습니다. 소리를 질렀어요. 도덕교육과 교육학습은 나 스스로 했습니다. … 내가 그렇게 할 수밖에 없어서였지만, 스스로의 양육에 성공한 점이 있다고 생각합니다. 터놓고 하고 싶은 말이 있습니다. 남동생이 너무나 밉다는 것입니다. 남들이 보통 싫다고 말하는 그런 정도가 아니라, 실제로 동생을 증오합니다. 사랑은 전혀 없습니다. 동생이 죽게 된다면 나는 기뻐서 뛸 겁니다. 동생이 나의 아주 소중한 것들을 훔쳤을 뿐 아니라, 엄마가 내게 거의 매일 화가 나도록 만들었기 때문입니다. 한마디로 그 애는 내 일생에 못된 짓을 많이 했습니다. 그 애를 좋아하려고도 해봤지만, 좋아할 만한 것이 전혀 없습니다. 그 애 자체가 혐오스럽습니다.

다른 편지에는 다음과 같이 썼다.

일상에 싫증을 느끼기 전인 아주 어린 시절에도 내가 오랫동안 행복했던 기억은 실제로 없습니다. … 학교를 다니기 시작했을 때 아는 애가 하나도 없었습니다. 엄마는 다른 애들을 '시궁쥐들'이라고 부르면서 나와 누나가 어울리지 못하게 했습니다. 물론 누나와 나는 우리만의 놀이터가 있었지만 우리 둘 다 아주 외로웠습니다. … 엄마의 대답 중에서 이것이 가장 기억에 남습니다. "너희는 이런 애들처럼 평범하다고 생각하지. 여기 모든 게 있는데 말이다. 바깥에는 말썽밖에 없단다." 누나와 나는 우리 둘밖에 없어서 항상 같이 놀았고 한번도 싸운 적이 없습니다. 누나와 나는 항상 친했습니다. 우리 둘이 쌍둥이라고 여겨질 때가 많았습니다. … 다섯 살 때, 펠릭스라는 새아버지가 우리와 살러 왔습니다. 그 두 해 전에 아빠가 비워놓았던 자리를 채우려 했던 사람입니다. 나는 그에게 학교에서 어떻게 하면 친구를 사귈 수 있을지 물어보고

싫었을 뿐입니다. 학교에서 나는 조용한 남자애였고, 친구가 하나도 없었고, 여자애들과 놀았습니다. 그냥 집에 있는 것에 익숙했습니다. 하지만 늘 다른 남자애들처럼 되고 싶은 갈망이 있었습니다. 그런데 내가 구하지 않던 것이 바로 내 재산이 돼버렸습니다. 어린 여자애들이 나를 좋아했던 겁니다. 나는 그 애들과 이야기를 나눴고, 싸우지는 않았습니다. 습관이 하나 생겼습니다. 사람들을 만지는 것을 좋아했습니다. 사람을 만나면 어떤 관계든지 형성하고 소속되기 위해 말을 넘치게 하곤 했습니다. 나는 관습상 남에게 하면 안 되는 것이 무엇인지 전혀 몰랐습니다. 가령 몸을 만지는 것 말입니다. 접촉이 결핍됐었기 때문에 나는 내가 이해할 수 있는 것을 진정으로 경험해 보길 원했습니다. … 이 무렵 펠릭스는 과수원지기로 고용됐는데, 그 과수원은 아주 크고 아주 외진 곳에 있었습니다. 그래서 우리는 아주 한적한 곳에 있게 됐는데, 가장 가까운 이웃이 1마일이나 떨어져 있을 정도였습니다. 우리가 돌봐야 할 땅은 100에이커였고 황무지였습니다. 내 방 창문을 통해 볼 수 있는 모든 땅이 그 주인 소유였습니다. … 일곱 살에 인생 최악의 날이 찾아왔습니다. 이복 남동생이 태어난 날입니다. 솔직하게 말할 수 있습니다. 그 애가 태어난 날부터 내가 그 아이를 증오했다고 말입니다. 지금까지도 같은 증오를 느낍니다. 그 애를 여러 해 전에 죽였어야 했다는 생각까지 합니다. 내가 다녔던 학교는 아주 작았습니다. 각자

칸막이가 된 책상을 썼습니다. 여기서 나는 많은 것을 혼자 배웠고, 나의 진짜 집은 자연이었습니다. 살던 집은 꼭대기가 평평하고 등성이는 벼랑으로 된 언덕 위에 있었습니다. 동쪽에는 산과 계단식 언덕이 있었고 우리 집 아래는 숲이었습니다. 펠릭스와 나는 자주 사냥을 하러 갔습니다. 그는 내게 총을 어떻게 쏘는지 가르쳐줬습니다. 할아버지도 내게 말을 걸어주곤 했습니다. 하지만 돌아가셨죠. 지금 내가 낀 반지는 할아버지가 만들어주신 겁니다. 나는 할아버지를 존경했습니다. … 그것은 1년 내내 여름 야영지에 있는 느낌이었습니다. 하지만 그 모든 땅과 시냇물을 보여줄 사람이 내겐 없었습니다. 내 일은 그 나이에 할 만큼 쉬운 것들이었습니다. 개들과 한 바퀴 돌면서 혹시라도 담장이 부서진 데가 있나 보는 것이었습니다. 나중에는 트랙터 운전을 배웠고 트럭을 모는 법도 배웠습니다. 이 시기에 내 삶은 정말로 행복했습니다. 나는 내 주변에 있는 모든 것을 가지고 있는 것이 좋았습니다. 한 소년의 꿈이었습니다. 내가 아는 모든 사람이 가진 마당보다 더 큰 앞마당이 내게 있었습니다. 산들이 앞마당이고, 골짜기는 뒷마당이고, 숲과 강들로 가득했습니다. 어떤 의미에서 그건 우리 것이었습니다. 펠릭스의 계약은 곡식이 재배되고 가꿔지는 한, 그리고 주인의 요구에 늘 맞춰줄 수 있는 한 종신 계약이었습니다. 그래서 우리는 평화로운 한적함, 우리 가족, 우리 동물, 우리 가정 안에 머물러 살았습니다. 별들까지도 내 것이라고 느껴졌습니다. 되돌아보니 그때는 안전함을 느꼈고, 내일을 염려하지 않았습니다. 하지만 어느 날 결국 변화의 어두운 구름이 찾아왔습니다. 그날을 잊지 못할 겁니다. 우리 모두를 엄마가 깨웠습니다. 엄마는 펠릭스를 찾고 있었습니다. 그가 사라져버렸기 때문이었습니다. 우리는 며칠을 찾아다녔습니다. 전혀 찾을 수 없었습니다. 그냥 떠나버린 것이었습니다. 그 후 뒤따라온 변화는 모멸적이었고 훨씬 나빴습니다. 우리는 그 땅에 머물 수 없어서 이사를 가야 했습니다. 다시 다른 학교에 가야 했고, 여전히 친구가 하나도 없었습니다. 우리의 사회적 등급이 미끄러져 내려갔습니다. 엄마가 우리 살 곳을 찾아냈지만, 그곳은 내가 알았던 곳 중 최악이었습니다. 사랑하는 누나는 할머니에게 보내졌습니다. 내 인생의 이 시점까지는 '가난'이란 남들과 연관된 일이었습니다. 바로 그 생각이 나를 병들게 했습니다. 그때까지 서민에 속하는 건 다른 사람들이라는 생각이 내 마음속에서 자라났기 때문입니다. 우리가 어떻게 그 사람들과 연관될 수 있을까. 그때까지 살면서 나는 서민층과 거리가 있었는데 이제 그 일원이 되고 나니 처음에는 혐오스러웠습니다. 학교조차 정규 학교에 다니지 않았었습니다. 거기에는 고립과 스터디 그룹이 있었습니다. 그렇게 해서 우리가 배운 것은 고등학교에서 가르치는 내용이었습니다. 그리고 우리 가정은 이랬던 적이 한 번도 없었습니다. 그런데 이제 서민에 속하게 된 것입니다. … 이 시기에 나는 역사와 고대 문화에 대한 관심이 아주 커졌습니다. 역사를 묘사하는 지도들에 대해서도. 그 당시 내 포부는 역사, 전쟁사를 가르치는 교사가 되는 것이었습니다. 유럽 역사와 전쟁에 관한 책을 읽곤 했고, 위인에 대한 사실과 사상에 빠져들곤 했습니다. 시저, 샤를마뉴 대제, 나폴레옹을 공부했습니다. 문화의 위대한 부흥도 공부했습니다. 교실에서 발표하고 싶었지만, 내 언변 탓에 한 번도 그러지 못했습니다. 이 시기에 말을 더듬는 문제가 있었습니다. 때때로 이것이 너무 심해져서 짧은 문장도 완성하질 못했습니다. 하지만 학교 관계자들이 나에 대해 좋아하지 않았던 것은 나의 사회적 태도였습니다. 운동장의 전쟁은 늘 선생님들의 주목을 받았습니다. 그러나 운동장에 새로운 '나라', 내 나라가 생겨났고, 괴롭히는 모든 아이들처럼 우리는 더 약한 아이들을 밀어내기 시작했습니다.

다시 병원으로 돌아온 카스트로는 어머니에 관해 '접촉'이라는 주제로 글을 써서 내게 보냈다.

기억하는 한, 사람들이 나를 만지는 것에 대해 아무 문제가 없던 때가 있었습니다. 그것이 엄마와 나 사이에 정말로 엄청난 문제들을 일으켰습니다. 어린 시절 이래로 나는 누군가 내 몸my person에 닿는 것을 견디지 못한다는 것을 알았습니다. 침범당하고 있는 것처럼 말입니다. 확실히 엄마와는 이러면 안 되었습니다. 엄마는 날 안아주거나 다가와서 이미 심하게 결핍된 애정을 보여주려고 한 적이 많았습니다. 그럴 때 느낌은 내가 조종당하는 것처럼 보일 수 없다는 것이었습니다. 그리고 그런 애정의 순간이면 슬퍼졌는데, 엄마 얼굴에서 상처와 흐르는 눈물을 볼 수 있었기 때문입니다. 나도 모르게 내가 엄마를 그렇게 기피하고 나서 엄마의 상처를 보게 되면 나 자신이 정말 미웠습니다. 사실 그때 나는 엄마가 나를 안아주기를 갈망하고 엄마를 사랑하는 걸 엄마가 느끼게 해주고 싶었습니다. 그런 순간들이 과거로 사라져버린다는 사실이 나는 훨씬 더 싫습니다. 그러나 다른 사람들에 대해서는 후회가 없습니다. 내가 다른 사람들에게 접촉을 허락하지 않았다면 그건 폭력이라고 생각했기 때문이었습니다. 학교를 처음 다니기 시작했을 때 기억나는 것은 내가 사람을 만지는 사람이었다는 것입니다. 사실 그건 내가 소통하는 방법 중 하나였습니다. 나는 사람을 만져야 한다고 느꼈습니다. 왜 그랬는지는 지금까지도 알 수가 없습니다. 학교에서 나는 주로 머리를 길게 땋거나 예쁜 치마를 입은 여자애들을 만지곤 했습니다. 그러고 나서는 늘 선생들에게 체벌을 받았습니다. 왜 내 행동이 잘못인지 말해준 적은 전혀 없었고, 그냥 나쁜 짓이라고만 말했습니다. 소리 지르며 호되게 꾸짖고는 엄하게 벌을 줬습니다. 몇 번인가는 교장에게 회초리를 맞기도 했습니다. 다른 사람을 만지는 것은 잘못이라고 말해준 것은 나를 때린 매였습니다. 이 유죄 판결은 내 의식에서 깨달은 것이 아니라 오히려 무의식에서 알게 된 것입니다. 남을 만지는 것이 잘못이라면 남이 나를 만지는 것 역시 잘못이라는 것이 논리적인 적용이었습니다. 하지만 그런 적용이 나를 사랑해서 다가오는 사람들에게도 어떤 여지도 주지 않았던 것입니다. 무엇보다도 가장 컸던 것은 엄마입니다. 그러나 한 번도 그 '문제'를 다룬 적이 없었기 때문에 몇 년 치료되지 않은 상처처럼 곪아서 점점 악화됐는데, 그렇게 된 이유가 학교에서 있었던 이 일 때문만은 아닐 수도 있습니다. 어쩌면 그 원인은 망각에 갇힌 채 더 깊고 먼 과거에 놓여 있을 수도 있습니다. 하지만 그 사고 이후로 이 상황을 다루면서 엄마와 내 관계는 조금씩 변화하기 시작해 이제는 평화롭습니다. 나는 이런 변화를 우리 관계에 적용했습니다. 그것은 정말로 수년간 우리가 안고 다녔던 아픈 상처를 싸매주는 역할을 해왔습니다. 여기 병원 침대에 누워서, 집에 관한 모든 것이 좋고 엄마가 날 사랑한다고 깨달으면서 평안을 발견합니다.

하지만 제일 좋은 것은 내가 엄마를 사랑한다는 것을 엄마가 알게 되는 것인데. … 엄마에게 다시 편지를 썼습니다. 이번에는 엄마가 답장해 주기를 바랍니다. 엄마가 아주 많이 그립습니다. 그래서 가슴이 아픕니다. 나는 가족으로부터 단절됐다고 느낍니다. 오늘은 여기까지 해야겠습니다. 셰익스피어가 썼던 것처럼 말입니다. "내 마음이 시저와 그곳에 눕는다. 내 마음이 내게 다시 올 때까지 잠시 멈춰야겠다."

성, 사랑, 마약

13세. 빅토리아 올로시라는 친구를 만났다. 마리화나를 소개. 이 여자애는 나를 좋아하지만 아가페 단계다.

14세. 여름을 다음 학년 수업을 준비하면서 혼자 보냈다. 더 많은 지식 축적. 누나가 돌로레스를 소개해 줬다. 첫 번째 여자 친구였다. 성적 접촉이 이뤄졌다. … 그해의 절정은 28세의 아름다운 새 교사 미스 글리에스였다. 나의 요청으로 졸업 기념 데이트 상대가 되어줬다. 이 일로 성적 관계가 있다는 소문이 퍼지기 시작했고 순수한 우정 관계가 깨졌다.

16세. 스타워즈 상영. 여름 내내 그 영화를 57번 관람했다. … 조카 비벌리 앤이 태어났다. 누나가 자랑스러웠다. 누나는 내 마음의 보석이다. … 역사 시간에 자다가 걸렸다. 선생은 벌로 프랑스 혁명부터 나폴레옹 시대까지 수업 시간에 가르치라고 했다. 내가 그 수업을 쉽게, 그리고 선생보다 더 자세히 완수해 선생을 놀라게 했다. 나중에 그 선생에게 나폴레옹은 내가 좋아하는 주제 중 하나라고 말해줬다. 그 선생은 다시는 나를 성가시게 하지 않았다. … 코카인 이용이 일주일에 최소 2온스(약 57그램 - 옮긴이)로 늘었다.

17세. 도시로 여행을 잘 다녀왔다. 그가 일정량의 마리화

나를 도시 가격에 내게 줬고, 나는 그것을 거의 두 배 가격으로 팔았다. 과제를 완수해 상당히 높은 이득을 얻었다. … 경찰차였던 내 중고차는 빨리 달리게 만드는 장치가 여전히 장착돼 있었다. 교외에서 장거리를 돌아오는 고속도로를 시속 115마일(약 185킬로미터 - 옮긴이)로 아슬아슬하게 달리기를 즐기곤 했다. 경찰차에 걸려 길가에 멈추고 싶지 않을 때는 헤드라이트를 끄고 시속 70마일(약 110킬로미터 - 옮긴이)로 달렸다. 하룻밤에 코카인, 파티, 오락에 100달러나 썼다. … 내 생일에 루엘라가 내가 있는 곳으로 왔고, 우리는 이날 마침내 사랑을 했지만, 성관계는 아니었다. 사랑일 뿐이었다. 내가 생각하기에 그녀는 자기가 원하는 것을 갖게 됐지만, 나는 그녀에게 사흘만 나를 떠나줄 것을 부탁했다. 사흘이면 내 마음의 느낌을 가장 진실한 측면에서 고려할 수도 있을 거라고. 그리고 내 은신처로 가서 사흘 간 금식하며 머물렀다. 그렇게 되게 되어 있었다. 루엘라에게 돌아왔을 때 나는 그녀에 대한 내 사랑은 욕망이 아니라 정말 **사랑**이라는 것을 알았다. 우리는 훨씬 더 가까워졌다.

18세. 이 생일이 가장 잘 기억나는 이유는 흥청망청 대단했기 때문이다. 금요일에 시작한 파티는 월요일에 끝났다. 내가 좋아하는 맥주를 일곱 통 샀다. 코카인과 마리화나를 충분히 사서 파티 내내 완전히 취하도록 했다. 초대받은 사람만 참석하게 했는데, 파티가 진행되면서 이 계획은 쓸모없어졌다. 마리화나 2파운드를 사서 식탁 위에 풀어놓고 느긋하게 피웠다. 마약 선물을 많이 받았고, 그중에는 여섯 번 쓸 수 있는 환각제 LSD도 있었다. 파티 내내 나는 여자애들 다섯 명 옆에 누웠는데, 두 명은 처녀였다. 생일 선물들이었다. 그 파티는 거의 흥청망청 놀고 마시는 것이 됐다.

현재시제로 덧붙여진 글: 마음이라는 거울을 통해 내가 보는 것은 개성이 강한 독립적인 사람이다. 왜냐하면 나는 또래와 같지 않으려고 애쓰기 때문이다. 나는 전혀 겸손하지 않다. 자기중심적이고, 완벽함을 숭상한다. 역사를 무척 좋아하고, 할 수 있다면 나도 그 옛날에 있고 싶다. 무지함을 싫어하고, 상식이 부족한 사람들을 미워한다. 아름다운 금발 여자를 좋아한다. 예술을 사랑하지만 그 사랑은 캔버스나 돌에 국한되지 않고 음악과 문학도 사랑한다. 한 사람의 마음이 그대로 드러날지라도 그 예술을 사랑한다. 만일 내가 항해할 노선을 선택할 수 있다면 알려지지 않은 시대를 탐험할 것이다. 나는 장미처럼 부드럽고 섬세하게 어린 것을 좋아한다. 사실 돈 자체를 좋아하지는 않지만, 그것으로 살 수 있는 것은 좋아한다. 알아차리는 순간 도피할 수 있기에 나는 내 환상의 둥지를 좋아한다. 나는 이중의 성격과 외모를 가지고 있다. 내 갑옷은 날 보호하고 밖에서 내가 보이고 싶은 모습으로 보이게 하는 가면을 투영해 준다. 날 과도하게 자극하는 것들을 아주 좋아한다. 내 안에는 그 자체로 돌아가는 세상이 있다. 내가 왕이고 주인인 우주. 그러나 그 안에 여전히 내게 대적하는 지역들이 있다. 그 악한 세력들, 내 적들이다. 거기서 나의 전쟁이 벌어진다. 때로는 격렬하게 싸우고 싶다. 한편으로 평화와 만족의 시기도 있다. 어떤 결과가 나올지 생각하지 않고 아슬아슬함을 추구한다. 그리고 그 아슬아슬함을 꽤나 느낀다. 별들 사이로 걷고 나만의 현실을 만들고 싶다. 하늘까지 올라서 신과 함께 걷고 싶다. 시간을 멈춰서 재앙을 되돌리고 싶다. 곡을 쓰고 싶다. 그리고 음표들이 공중으로 날아가는 것을 구경하고 싶다. 역사에 내 흔적을 남기고 싶다. … 나는 아이들을 아주 좋아한다. 아이들은 내 안에서 보호본능을 끌어낸다. 이 보호하려는 느낌은 아이에게 국한되지 않는다. 내가 아는 모든 사람에게 그런 느낌으로 행동한다. 때로는 너무 많이 돌본다. 나는 섹스보다는 사랑에 더 신경을 쓴다. 나는 사랑을 욕망하지만, 욕망을 위해 사랑하지는 않는다. 나는 아직도 내가 아니기 때문이다. 한순간만 내가 눈을 감을지라도, 나는 아직 끝마치지 못했는데 그 순간이 사라지기 때문이다. 한없는 바다에 그냥 한 방울의 물방울로.

UCLA 명예교수였던 이블린 후커Evelyn Hooker는 남성 동성애에 관해 선구적인 연구를 했다. 그녀가 발견한 것은 동성애자 못지않게 이성애자도 부적응하는 경우가 많고, 잘 적응하는 동성애자도 이성애자 못지않게 많다는 사실이다. 카스트로 리에스는 성정체성에서 불행했고, 더 정확히 말하자면, 어쩌면 친밀한 관계에서 불행했던 양성애자였다.

서둘러 첨언해야 할 것은 내가 성인의 성적 지향성의 인과관계에 대해 가치 있는 이론을 가지고 있지 않다는 점이다. 유전적 성향, 호르몬, 초기 심리적 경험, 남성이나 여성의 역할 모델의 존재나 부재, 그 사람이 지닌 것 등을 연구하는 것이 가장 좋을 것이라고 말할 위치에 있지 않다. 이 분야에 대해서는 내게 말할 수 있는 어떤 권위도 없다. 내가 보기에 동성애와 자살이 관계되는 것은 심리적 고통이 자살과 관련되기 때문이다. 만일 동성애 때문에 상처받지 않는다면, 동성애는 자살에서 고려해야 할 주제가 아니다.

카스트로는 이 일반적인 주제에 대해 편지 몇 통과 짧은 글을 몇 편 썼는데, 이런저런 친구들과 사교적으로 복잡하게 얽힌 것과 그 때문에 곤란했던 것을 세세히 적었다.

여기에 그 많은 글 중 세 편을 옮긴다. 세 편 모두 이 주제를 다루는 편지이거나 침대에서 쓴 글이다.

나는 다시 차분해졌습니다. 창밖을 보니 오늘은 비가 오고 있습니다. 비를 좋아합니다. 창에 떨어지는 빗방울이 비의 음성이라는 생각을 합니다. 모든 것이 아름답다고 내 감각이 말합니다. … 재수술까지 이틀 남았습니다. 한 걸음 더 내딛고 싶습니다. 듣고 싶은 책을 두 권 더 생각했습니다. 『모비딕』

과 『몬테크리스토 백작』입니다. 선택한 두 책은 집착과 복수라고 부를 수도 있겠습니다. 모험하는 것이 느껴집니다. … 목록에 추가할 더 많은 것들이 떠오릅니다. 집 근처 병원 중환자실에서 처음 깨어났을 때 '잘못됐구나'라고 생각했습니다. '자신을 죽이는 일도 제대로 할 수 없구나'라고. 마음과 정신 둘 다 부서진 느낌이었습니다. '짐Jim은 어디 있을까'라는 생각도 생각했습니다. '그가 이제는 날 미워할까.' 이 모든 일이 일어나기 전에 그는 내가 병든 것을 알았습니다. 내가 자살하는 데 한몫했습니다. 내 마지막 방어막을 무너뜨렸습니다. 나는 그때 내 옆에 있어줄 누군가가 필요했습니다. 그러나 그도 역시 다른 사람과 마찬가지로 나를 공격했습니다. 우리는 전쟁을 벌였습니다. 나는 끝내 되받아치지 않았습니다. 사실 내 마지막 소원은 친구들을 떠나는 것이었기 때문입니다. 나는 짐하고만 마지막 파티를 했습니다. 친구들을 떠나기로 결심했습니다. 짐에게 메모도 남겼습니다. "마지막까지도 나는 널 친구라고 불렀고, 영원히 넌 내게 친구일 거야." 이 말이 그의 마음속에 영원히 불타기를 바랐습니다. … 내가 삶에서 접촉했던 사람들이 나를 기억하길, 그리고 내가 그들에게 준 것을 기억하기를 바랐습니다. 어떤 면에서는 그런 것들이 나의 한 부분이니까요.

마치 자살과 동성애는 그가 떠날 수 없는 주제인 것처럼 보

였다. 다음은 또 다른 편지인데, 먼저 것보다 내가 2년 뒤에
받은 것이다.

왜 일들이 그런 식으로 벌어졌는지, 여기에 그 깊은 뿌리들
이 있습니다. 슬픔과 절망, 우울의 파편이자 당연히 사랑의
파편이기도 합니다. 그것들과 연결된 한 가지 요소는 짐Jim이
라는 이름입니다. 그것은 사람일 뿐 아니라 바로 개념이기도
합니다. 처음에 짐을 만났을 때, 많은 짐들 중에 첫 번째인 그
를 만났을 때, 모든 것이 처음 시작됐기에 그것부터 말하겠습
니다. 이 열세 살 어린 남자애를 만날 때까지 내 인생에서 한
번도 진짜 사랑을 알지 못했습니다. 그 전에 여자 친구들이
있었지만 내 마음을 뒤흔든 애는 없었습니다. 그 애를 만나기
전 내 마음이란 내가 원하는 대로 날 사랑해 줄 누군가를 갈
망하는 황무지였습니다. 그때까지는 남이 나를 원할 것이라
고 생각해 본 적이 없었습니다. 그런데 처음으로 나를 사랑하
는 아주 귀여운 녀석을 만났습니다. 이번만은 내가 행복하다
고 믿을 수 있었습니다. 그 상황은 확실히 내게는 끝내고 싶
지 않았던 그런 것이었습니다. 그 애는 정말 내 첫사랑이었습
니다. 지금 뒤돌아보더라도 아직 그를 사랑하고 있다고 생각
됩니다. 그러나 그 이래로 아주 많은 것들이 그랬듯이 그것이
오래 내 것으로 머물진 않았습니다.

자기가 내 친구라고 주장하던 어떤 사람이 자기 이익을 우

리 관계보다 우선시하기로 결정했습니다. 내가 입원한 동안 그는 내 남자 친구를 말 그대로 훔쳤습니다. 오랫동안 몰랐지만 그런 일이 일어났습니다. 그것은 내가 상황을 통제할 수 없었던 첫 번째 일입니다. 이 일에서 나는 아직 회복되지 못했습니다. 내게 무슨 짓을 하고 있는 거냐고 그에게 말하는 것도 도움이 되지 않았습니다. 깊은 절망감이 들어앉았습니다. 해결책이 없었습니다. 내 사랑이 내게서 뜯겨졌습니다. 이때가 바로 자살을 처음 시도했던 때입니다. 바로 내 눈앞에서 일어난 일을 보고 싶지 않았습니다. 하지만 그 처음 시도는 실패했습니다. 그러고 나서 그 짐을 되찾으리라 결심했지만 실패했습니다. 방치했던 내 인생의 다른 면들이 그때 나를 덮쳤고 나는 일에 빠져들었습니다. 너무 바빠져서 짐에 관해 생각할 수가 없었습니다. 여전히 그렇듯 날마다 그를 생각하기는 했지만, 하루 종일은 아니었습니다. 몇 달 후에 그가 연락했습니다. 우리는 몇 주 동안 데이트를 했는데, 윌리엄이 그에게 전화하자 짐은 다시 그에게 돌아갔습니다. 이용당했다는 느낌이 들었습니다. 밤마다 잠들기 전에 우는 것이 일상이 됐습니다.

그는 나를 사랑한 적이 없었을지도 모르지만, 나는 확실히 그를 사랑했습니다. 그것이 정말 중요합니다. 내 마음을 그에게 열었는데, 그는 그것을 뭉갰습니다. 오늘까지 아직 마음을 그렇게 열어보지 못했습니다. 절대로 다시는 내 마음을 그렇게 다치게 내버려 두지 않겠다고 스스로 약속했기 때문입니다. 만일 측정될 수 있는 것이라면 나는 100% 줬을 겁니다. 그때 그랬듯 그를 생각하면 지금도 가슴이 아픕니다. 그 이래로 진정한 사랑의 관계가 내 삶을 건드린 적은 없습니다. 짐에 관한 그림에서 다음번 짐은 짐 박서입니다. 우리 둘은 연인이었지만, 앞서 말한 짐만큼 우리는 사랑에 온 마음을 쏟지는 않았습니다. 우리 관계는 결국 그런 결핍 탓에 깨졌습니다. 짐이라는 이름에 관한 알 수 없는 것이 내면에 생겼습니다. 짐이라는 이름을 듣거나 말할 때 속으로 이런 이상한 기분이 들었습니다. 오싹함. 사랑 노래가 라디오에서 나오면 짐을 생각하게 될 겁니다. 그는 날 아주 겁나게 해서 어떤 관계도 할 수 없게 만들었습니다. 그다음에 내가 다른 짐을 만났고, 다시 한번 그 이름이 거기 있었습니다. 반드시 연관시켜야 할 요소가 하나 더 있는데, 그것은 이 짐들 모두 금발에 파란 눈이라는 겁니다.

짐 쿡은 포드를 통해서 찾았습니다. 그는 그때나 지금이나 아주 좋은 친구입니다. 하지만 내 게이 친구들에게는 짐이 내 애인으로 통했습니다. 그렇지는 않았지만 나는 부인하지 않았습니다. 우리 관계가 어떻든 내 삶에 짐이 있다는 것이 내게는 아주 중요했습니다. 나는 우리가 진짜 애인이라는 환상까지 갖기 시작했습니다. 그를 애인처럼 대했습니다. 그에게 나 자신과 그 환상에 관해 말했습니다. 그는 상관하지 않았습니다. 우리는 데이트를 했고 모든 연인이 하는 모든 것을 했지만 성관계는 안 했습니다. 그에게 사랑한다고 말하기도 했습니다. 하지만 그는 이성애자였고, 말했듯이 우리는 전혀 성관계를 갖지 않았습니다. 나는 이런 상황을 받아들일 수 있다고 생각하기 시작했습니다. 짐이라는 이름과 '나는 너를 사랑해'라는 감정이 나란히 있었습니다. 짐 쿡은 내게 네 번째 짐을 소개해 줬습니다. 그의 성은 태프트였습니다. 이 짐과는 성관계를 했지만, 이번에도 나는 그가 원하는 방식대로 그를 사랑할 수가 없었습니다. 이 짐들 각각에 대한 사랑의 정도는 100%였던 적이 없지만, 그들 각각과 사랑했던 이유가 짐이라는 이름 때문이었음을 알게 됐습니다.

다섯 번째 짐과는 환상이 현실을 이기기 시작했습니다. 그의 이름은 짐 리플리였습니다. 그는 짐 쿡처럼 이성애자였기에 이번에는 그에게 말해주지 않았습니다. 나는 그를 연인처럼 대했습니다. 내 환상 세계에서는 그가 내 연인이었습니다. 내 게이 친구들에게는 그랬는데, 왜냐하면 내가 그렇게 말했기 때문입니다. 날마다 나 스스로에게 "난 널 사랑해, 짐"이라고 말하기 위한 짐이었습니다. 대화 중에 "짐과 나는 오늘 밤 데이트가 있어"라고 말하기 위한 짐이었습니다. 각각의 짐마다 나는 그들을 실제 연인처럼 대했는데, 그래서 그 긴장감이 우정을 깨버렸습니다. 그 짐들은 그것을 알지 못했기 때문에 이해할 수도 없었습니다. 짐 쿡만 예외였습니다. 나는 실제로 그를 사랑한 데까지 갔었습니다. 하지만 그를 전부 가질 수는 없었습니다. 하지만 나는 그것을 원했습니다. 만일 내가 그를 계속 친구로 두길 원했다면 이런 일은 절대로 일어날 수 없었을 겁니다. 그는 이제 스물한 살입니다. 그는 해군에 입대할 겁니다. 나는 이제 새로운 딜레마에 직면했습니다. 짐이 없다는 것 말입니다.

하지만 정확히 그 이틀 후에 짐 블라이스를 만났습니다. 마지막 짐입니다. 그 사건이 일어날 즈음에 그와 함께 지내고 있었습니다. 짐이 필요하다는 내 문제는 해결됐습니다. 그 역시 이성애자였고, 이전처럼 나는 그를 애인처럼 대했습니다. 그에게 나는 그저 좋은 친구였지만 말입니다. 내가 실제로 그를 애인처럼 대했던 것은 그의 이름과 용모 때문이었습니다. 그 머리카락과 눈 때문이었습니다. 내가 환각제의 양을 늘리기 시작한 것도 바로 그 무렵이었습니다. 어느 날 밤 환각제를 하고 여섯 번째 짐과 있다가 첫 번째 짐을 우연히 마주쳤습니다. 첫 번째 짐은 나와 함께 나가기를 원했습니다. 하지만 나는 여섯 번째 짐이 알게 할 수는 없었습니다. 그래서 그를 나중에 만나서 블라이스가 나의 새로운 짐이라고 말했습니다. 나중에 분명히 알았지만, 나는 첫 번째 짐에게 여전히 같은 감정을 가지고 있었습니다. 시간이 지났으니 감정이 사라진 줄 알았는데 그렇지 않았습니다.

이런 말들은 약물과 알코올로 혼미해진 정신으로 하는 말일까? 아니면 집착일까? 강박관념일까? 정신을 다른 데 팔고 다니는 것일까? 카스트로는 필수적인 것, 즉 우정, 사랑, 접촉, 옳고 그른 것(규칙) 등을 바로잡지 않았다. 그는 의붓아버지 펠릭스가 자신에게 초등학교에서 어떻게 또래와 잘 지낼 수 있는지 가르쳐주기를 여전히 바라고 있었던 셈이다.

하지만 그의 성정체성은 그의 몸과 정신에서 뒤얽힌 실타래처럼 나오면서 끝 무렵에는 분명해졌다. 어떤 여성이 그에게 먼저 접근했는데, 그가 도덕적으로 격분했던 것이다.

6월 18일에 있었던 상황을 말하지 않고 넘어갔네요. 누나 집에 잠깐 들른 적이 있습니다. 누나네는 바비큐를 하고 있었고 다른 사람들도 있었습니다. 그중 한 여자가 있었는데, 누나 친구였습니다. 그녀는 술을 마시고 있었고, 내게 아주 살갑게 굴기 시작했습니다. 꽤 놀랄 만한 일이었습니다. 분명 술 때문에 그러는 것이리라 생각했습니다. 하지만 결국 그게 아니었습니다. 이제 그녀는 나를 매일같이 만나려 하니까요. 나는 그것이 좋지 않고, 사실은 아주 짜증이 납니다. 내 눈에는 다른 사람이 보이고, 이런 일로 흔들리지 않습니다. 그것이 [성적 지향에 대한] 시험이든 아니든 나를 불편하게 만듭니다. 특히 그녀를 그렇게 다가오게 만드는 것 말입니다. 그건 그녀가 할 일이 아닙니다. 나는 이렇게 들이미는 것을 좋아하지 않습니다.

한번은 내가 카스트로에게 그 사건 이전에 그가 찍힌 사진에 관해 물어보았다. 분명 몇 장이 있을 것이라 추측했고, 그가 자기 사진을 성형외과 의사에게 보여주기를 원하는지 물어보았다. "오, 아니요." 그가 말했다. 그는 다시 만들어질 얼굴이 이전의 모습과 전혀 닮은 구석이 없기를 바랐다. 그는 "두 개의 정체성을 가질 기회가 있는 사람이 얼마나 되겠습니까"라고 썼다. 한 인생에 두 개의 다른 삶? 그전에 그는 음과 양을 언급한 적이 있었다. 그리고 그의 인생에서 가장 가까운 동반자인 누나와 쌍둥이라고 오해받을 때가 있었다고 썼다. 카스트로는 드러나지 않는 도플갱어였다. 어쩌면 그와 똑같이 생긴 사람이 예쁜 여자애였을지도 모르는.

힘의 과시

카스트로의 복잡한 성격 속에는 호기심 많고 조종하려 하며 통제하고 지배하려는 기질이 있었다. 그리고 한 번도 폭발한 적은 없었지만 명백히 가학증에 가까운 것이 있었다. 이 기질은 숨어 있는 그의 동성애성과 무의식적으로 연결된 것처럼 보였다. 때때로 그것은 다른 사람의 삶을 배후에서 통제하는 치졸한 방식으로 드러났다. 카스트로의 쾌감은 남을 조종하는 행동을 할 때만 생기는 것이 아니었다. 조종당하는 그 사람이 카스트로가 조종자라는 것을 모르고 카스트로 자신은 그것을 알고 있다는 생각으로도 쾌감을 느끼는 듯했다. 그는 왕의 비서, 내각제 총리의 원내 총무, 마피아 두목의 집행자가 되기를 좋아했다. 모든 영향력을 가졌지만, 책임과는 거리를 둔.

그의 편지 중 하나에서 그는 고등학교 시절에 관해 썼다.

학창 시절은 내게 소중한 기억으로 남아 있습니다. 학교 다닐 때 많은 일에 참여했습니다. … 학생회장단은 내가 맡았던 것 중 영향력이 가장 큰 일이었습니다. 우리는 우리 학교를 위한 정책을 만들었습니다. 학교 육성회는 우리 학생들이 또래를 가장 잘 판단할 수 있다고 여겼습니다. … 학생 개인의 청원이 학생 대표단에 제출되면 그것을 놓고 표결을 진행했고 그 결과가 승인을 위해 회장단에 보내졌습니다. 회장단에는 회장을 제외한 네 명이 있었습니다. 나는 싸움, 교내 흡연, 결석 관련 사안을 결정했습니다. 회장은 의견이 반으로 갈릴 때만 투표했습니다. 회장의 일은 완전히 따분했습니다. 나는 '왕좌의 그늘에서 다스리기'를 훨씬 더 좋아했고, 학생규례 내에서 내게 유리한 것은 뭐든지 거의 다 할 수 있었습니다. … 나는 내 일이 너무나 수월하다고 생각했습니다. 나는 회장에게, 만일 내가 그의 정책에 반대하는 입장에 서기로 결심하면 재선 후보가 되지 못할 거라고 말할 수도 있었습니다. 동아리 회장에게는 어떤 회원을 정학시킬 수 있다고 말할 수도 있었습니다. 카운슬러에게는 내 정책을 통과시켜 주면 나도 그의 정책을 통과시켜 주겠다고 말할 수 있었습니다. 나는 학생 조직에서 내가 가질 수 있는 가장 부러운 위치에 있다고 여겼습니다.

몇 주 후에 그는 다음과 같이 썼다.

아크로폴리스를 본 적이 있으십니까? 폴리스는 도시를 뜻합니다. 뉴욕은 메갈로폴리스(거대도시 - 옮긴이)죠. 나는 델포이에 관한 여러 신화를 들어본 적이 있습니다. 그리스와 로마에 관해 많이 공부했습니다. 피루스 왕에 관해 현실적으로 생각해 봤습니다. 어떻게 그가 많이 이기고 많이 졌는지를 생각했죠. 나는 로마의 시저와 더 가까울 것 같습니다. '왔노라, 보았노라, 정복했노라'라는 그의 방식이 좋습니다. 나는 정복자라면 그 뱀의 머리를 먼저 불쑥 잘라야 한다고 생각합니다. 그러고 나면 나머지 부분은 시간 날 때 자를 수 있습니다. 나는 언제 전지전능해야 하는지를 알지만, 또 언제 거만하고 고분고분하지 않아야 할지를 압니다. 나는 후자보다는 전자일 때가 더 많아야 한다고 생각합니다.

그다음 날 그는 내게 다음과 같은 편지를 보냈다.

내 신조에는 많은 면이 있지만, 목표는 첫째가 되는 것이고 내 인생의 특정한 영역 각각에서 가장 우뚝 선 군주가 되는 것입니다. 내가 이것을 자각한 것은 전적으로 적들 때문입니다. 만약 목표를 달성하기 위해 열 가지 잘못을 저질러야 한다면 나는 그렇게 할 것입니다. 내게 어떤 과감한 보복도 못하도록 확실하게 말입니다. 나는 인생을 체스게임처럼 살고 있습니다. 내 길을 막고 서 있는 누구든 분열시키고 정복하고 부수는 것입니다. 아무도 남기지 않는 것. 친구들이 서로 적대하도록 조종하고 그래서 내 규칙에 반대하는 것의 씨를 말립니다. 내가 속한 친구 무리는 여럿이지만, 내가 지배자임은 의심의 여지가 없습니다. 그래서 만약 누구든 내게 잘못하면 그 무리에서는 죽은 사람이 될 것이라 말할 수 있습니다. 서로 돌아서게 만들고 그들 사이에 속임수를 짭니다. 모두에게 그 적의 약점을 폭로합니다. 사면해 주는 시간이 올 수도 있지만, 내게 이득이 될 것이 분명해질 때만 그렇습니다. 오스카와 윌리엄이 그것을 보여주는 사례입니다. 그 둘은 친구였습니다. … 그래서 결국 그는 자신에 관한 것[정보]을 보통보다 더 많이 제공했습니다. 그것을 긁어모아서 내게 유리하게 사용했습니다. 그와 그의 삶을 통째로 통제했습니다. 그는 물론 전적으로 항복했습니다. 결국 이 사례가 보여주는 것은 내가 공격하려고 할 때는 그 한계가 없다는 것입니다. 하지만 지금 돌이켜 오스카가 어떤 심정이었을지 생각합니다. 내가 어떻게 그 감정들을 갖고 놀았는지. 그런데 그때는 아무런 문제가 없어 보였습니다. 내가 원했던 것은 그저 포획물을 통제하는 것이었습니다.

카스트로의 내면에서 어떤 적대감이 들끓었든지 간에 그는 이 감정들을, 마치 프로이트의 초기 학설을 주의 깊게 공부했던 것이 분명하다고 보일 정도로, 처음에는 남을 향하게 하다가 그 방향을 내면으로 돌려서 자기 자신을 적대했다. 초기 정신분석학자들이 단언했던 것은 자살이란 주로 무의식의 적대감이라는 것이다. 양가적으로 보이는 내면화된 아버지상에 대항하는 적대감이 내면으로 향해졌다는 것이다. 때로는 편애를 받는 남자 형제에게 전이되기도 한다고 했다. 몇 년 전에 나는 자살에 대한 이런 견해를 '180도 돌려놓은 살인'이라고 불렀는데, 그 말에 내가 담고자 한 의미는 화가 난 어떤 사람이 자살을 하면 그것은 살인의 대안이라는 것이다. 이런 분노는 카스트로 안에도, 하지만 좀 더 유순한 방식으로 존재했다. 이런 분노의 흔적은 카스트로의 가장 어두운 면을 구성했고, 내가 생각하기에 그 분노는 그가 돌려놓은 방향인 자살에 한 부분으로 통합되어 있었다.

외로움이라는 거친 끈

괴로움이란 반은 고통이고 나머지 반은 그 고통과 함께 홀로 있는 것이다. 어떤 사람에게 자살은 완전히 혼자인 느낌이다. 카스트로가 내면에서 벌인 논쟁은 자율성, 불가침성, 사생활, 독립성에 대한 욕구를 한 편에 두고 다른 한편에 있는 우정과 친밀에 대한 욕구 사이에서 이루어졌다. 그가 그런 갈등을 해결하기란 어려울 듯했다. 지적인 측면에서 그는 성욕, 사랑, 섹스, 에로스, 아가페를 구별할 수 있었지만, 그의 소년 같은 마음에서는 동반 관계를 원하는 욕구를 결코 이기지 못했다. 여기에 결부되는 지점은 그가 별들 사이를 걷고 신에게 자신은 누구와도 함께 있기를 원하지 않는다고 말했을 때다. 사실 그는 그런 여행에 동반할 사람을 그려볼 수도 없었다. 하지만 그는 외로움으로 으스러졌다. 이에 관해 그는 내게 거듭해서 글을 써 보냈다.

내 안에 내가 담을 쌓아왔던 것은 나 자신을 보호하기 위해서였던 것 같습니다. 그런데 무엇으로부터 보호하려고 했던 것일까요. 내 집을 둘러싼 담처럼 말입니다. 나는 내면에 방호벽을 쌓고 있습니다. 그게 평생의 노력이 된 것 같습니다. 그리고 사람들이 내 내면을 보는 것은 허물어져서 생긴 구멍이나 아직 채워지지 않은 틈을 통해서입니다. 언젠가는 내 피난처가 완성되겠지만, 문을 만들 계획은 없습니다. 문은 침입자를 불러들여서 내면의 평화를 방해하기 때문입니다. 그러나 일단 봉쇄된 내 담 안에 있게 된다면 어떻게 될까요? 그 안에서 내 지식과 지혜는 더욱 풍성해질 겁니다. 일단 완성되면 아무도 고적함이라는 내 요새에 들어설 수 없습니다. 하지만, 아, 이런 계획은 모두 퇴락과 외로움을 불러들입니다. … 이제 내 안에서는 새로운 전쟁이 벌어지고 있습니다. 한편에서는 다시 해보라 말하고, 다른 한편에서는 그랬을 때 무슨 일이 일어나는지 기억하라고 말합니다. 지혜는 이렇게 말합니다. 황소는 느리지만 땅은 참아준다. 전쟁은 내 요새의 성벽을 완성하는 것으로 끝날 듯합니다. 내가 난간에 서서 그 땅과 인해人海를 내려다보면서 새로운 관계를 향해 모험을 떠날지, 아니면 나와 내 은신처를 영원히 보호할지를 놓고 곰곰 생각할 때. … 궁금한 것은 얼마나 오랫동안 내가 이처럼 안전하다고 느낄 것인가입니다. 그러나 지금은 내 삶에 평화가 있습니다. 선생님이 곧 답장을 주셔서 나와 대화하면 좋겠습니다. 그때까지 선생님 답장을 기다리겠습니다. … 도와주십시오. 내게는 답이 없습니다. 나를 이해하고 내가 경험해 온 것을 아는 사람은 선생님 말고는 없습니다. 부디 속히 답장해 주십시오. 나는 반드시 통제력을 다시 얻어야 하고 해결책을 찾아야 합니다. 가능한 한 빨리 회답주시기 바랍니다. … 지금 선생님에게 도와달라고 손을 뻗습니다. 마음에 병이 났습니다. 선생님의 친절한 말과 박식한 충고가 필요합니다. 그 도움이 친절하지 않을지라도 그건 여전히 친절함에서 이뤄진 도움입니다. 부탁드립니다. 내 곤경에 대해 어떤 말을 해주시길 바랍니다. 이처럼 격변하고 있는 때에 나를 이끌어줄 말을 기다립니다. 나는 교차로에 서 있는 느낌입니다. 한 길은 내게 빛을 비추고 상승하도록 이끌며, 다른 길은 현실로부터 끊어지고 심지어는 나 자신으로부터도 끊겨서 닫힌 마음의 텅 빈 공허함으로 심연처럼 깊고 캄캄한 황폐함입니다. 부탁드립니다. 도울 시간이 아직 있을 때 나를 도와주세요. 인도함을 주세요. 내가 다른 누구에게 부탁할 수 있겠습니까.

나는 이 편지를 받자마자 그에게 전화했다. 그 위기는 그 당시의 애인에 관한 것이었고, 그 긴장감을 줄여나가기 위해 내가 할 수 있는 것을 했다.

다음은 그러고 나서 온 편지다.

이보다 더 빨리 답장을 써야 했는데 죄송합니다. 하지만 집에서의 생활을 다시 질서 있게 하기 위해 너무 많은 시간을 보내야 했습니다. 정말로 내게는 지난번 만남과 지금 사이에 빈 공간이 있는 것 같습니다. 집으로 돌아온 이래로 낯선 외로움을 느껴왔습니다. 상황이 하나도 바뀌지 않았는데 말입니다. 내 느낌들 속에 새롭게 태어난 느낌처럼 말입니다. 한

결같았던 만남이 아주 간절히 그립습니다. 이 갈망을 바쁘게 지내는 것으로 덮고자 애씁니다. 하지만 밤이면 지나간 사랑들의 유령이 와서 부릅니다. 내가 실제로는 얼마나 외로운지 생각해 보라고. …

다음은 그가 추가 수술 절차를 밟기 위해 병원에 다시 왔을 때 쓴 가슴에 사무치는 편지다.

나는 찢긴 뿌리를 증오했습니다. 내 친구들, 현재의 친구와 친구였던 사람들은 늘 일시적입니다. 내가 원했던 것에 늘 못 미치는 것이었습니다. 관계가 끝났을 때는 뭔가 놓쳐버린 느낌이었습니다. 왜냐하면 오랜 친구였던 이는 정말로 한 번도 없었기 때문입니다. 잠시 발전이 진행되는 동안 머물렀던 사람들은 늘 그 관계에 대해 파괴적이었습니다. 나는 뭔가를 지속시키는 적절한 방법을 알지 못했습니다. 그래서 늘 혼자라고 느꼈습니다.

그런 결점 때문에 친구들을 사귈 때도 친구들을 위한 시간이 없었습니다. 내게는 내면의 자아를 발달시키고 안정시켜서 이 외로움을 몰아낼 시간이 필요했었습니다. 그 사건이 있던 날도 그랬습니다.

이 땅의 삶에서 두려운 것이 많지는 않습니다. 두려움은 대부분 물질에 대한 것이 아니라 감정에 대한 것이었습니다. 외

로움에 대한 두려움은 내 마음에서 가장 강한 두려움 중 하나
가 됐습니다. 죽음은 두렵지 않습니다. 죽음은 시간이 지나면
누구든 맞이할 수밖에 없는 일이기 때문입니다. 내가 느끼는
것은, 내가 생각하기에, 죽음을 두려워하는 것은 '살아 있는
죽음'과 너무나 가깝습니다. 하지만 내가 견딜 수 없는 것은
외로움입니다. 그래서 그것을 이겨내고자 때때로 애를 씁니
다. 하지만 두려운 것은 외로움이 확실히 나를 이길 것이라는
겁니다. 운명이 세상을 이기듯이 말입니다. 이것이 그렇습니
다. 아니 지금도 내게 불쑥불쑥 나타납니다.

친밀과 우정에 대한 욕구

외로움에 대한 해결책은 우정과 친밀함이다. (운명의 여신조
차 납치할 마음이 없을) '고립된 사람'이 되는 분명한 선택은 다
른 사람들을 사랑하는 것(그리고 그들에게 납치되어 감정이라는 몸
값을 요구받는 것)이다. 아, 불쌍한 카스트로, 그는 아무도 잘 알
지 못했다.

나의 견해에 따르면, 애초부터 카스트로는 주로 우정에 대
한 친밀 욕구로써 동기 부여가 되었다. 그리고 두 번째로는
지배, 불가침, 직감과 이해에 대한 욕구에 의해 이끌렸다. 그
러나 대체로 그 모든 욕구를 통해서 볼 수 있는 것은 마음이

통하는 사람과 함께하고 싶다는 욕구였다. 우정은 그의 글에서 가장 자주 등장하는 독보적인 주제다. 그는 우정을 갈망했다. 그 욕구가 좌절된 것이 그에게 가장 강력하게 작용했다. 그는 우정 때문에 죽은 것이다.

주지하다시피 이런 '전체욕구지향 심리학'을 구상한 것은 헨리 머레이다. 그는 자신의 책 『성격 탐구』에서 친밀 욕구를 "사람을 향해 긍정적으로 휘어지는 굴성tropism"이라고 정의했다. 어떤 면에서 그것은 자기애(나르시시즘)의 맞은편에 놓여 있다. 자기애란 내면으로 향한 친밀 욕구이기 때문이다. 그래서 친밀을 갈망하는 카스트로의 연약한 욕구를 보기가 어렵지 않듯이, 그의 내면에 우뚝 선 자기애를 발견하기도 어렵지 않다. 그것은 그의 단단하고 독립적인 면이었다. 머레이는 다음과 같이 말한다.

친밀: 동류의 타자와 가까워지고 즐겁게 협동하거나 서로 주고받는 것. 특별한 감정이 있는 타자를 기쁘게 하고 그의 애정을 얻는 것. 한 친구에게 결속되어 충실한 관계를 유지하는 것. 비슷한 관심을 가진 동료를 두는 것. 친해지고 우정을 형성하는 것. 상처 주는 것을 피하고 반대를 누그러뜨리는 것. 친절하게 대화하고, 정보를 나누며, 이야기를 들려주고, 감상을 교환하는 것. 생각을 털어놓고, 비밀을 교환하는 것. 의사소통하고, 대화하며, 전화하고, 편지 쓰는 것. 친밀 욕구

의 표적은 타자들과 서로 즐길 만하고, 견뎌주며, 조화롭게 협조하고, 서로 주고받는 관계를 형성하는 것이다. 타자들이 란 동등한 사람이거나, 더 어려서 의지하는 사람이거나, 제자이거나, 선생이거나 상관없다.[22]

　나에 대한 카스트로의 관계는 그의 친밀 욕구의 투사이자 전이, 행동화, 견뎌냄이었다고 볼 수도 있다. 그가 내게 보낸 많은 편지는 '친구에게'라는 말로 시작해 '당신의 친구가'라는 말로 끝났다. 그 사건이 있은 지 몇 달 뒤에 그는 이렇게 썼다. "당시는 말로 충분히 설명할 수 없을 정도로 온통 혼란스러웠습니다. 실제로 그날들은 내가 절실히 들어야 했고 듣고 싶었던 말, '**친구야!**'라고 외치는 사람들로 채워졌습니다. 그 사람들은 자주 그 말을 내게 자랑스럽게 보여주는 명예의 방패로 높이 들고 있었습니다. 그러나 많은 경우에 그것은 그들이 자기기만과 자기이득이라는 거미줄을 숨기고 싶었기 때문이었습니다."

　카스트로는 내게 에드윈 알링턴 로빈슨Edwin Arlington Robinson의 시 「미니버 치비Miniver Cheevy」, 드니 드 루즈몽Denis de Rougemont의 호기심을 자극하는 책 『서구의 사랑Love in the Western World』[중세(그리고 근대)의 낭만적인 궁정의 사랑의 전통에 관한 흥미로운 책]을 상기시켜 주었다.[23] 내가 본 카스트로는 낭만적 전통에 거의 속수무책으로 빠져 있었다. 즉, 과장하거나 극화한 환상에 대한 낭만주의적인 애호가 있었고, 과장되고 신화적인 성격을 자기만의 환상에 채워 넣었다. 그것은 매력적이지만 약간 과열된 그의 글의 성격에서 드러났으며, 이름이 부적처럼 모두 같고 금발에 파란 눈을 가진 남자들을 그가 집착적으로 추구하는 데서도 나타났다. 나는 그에게 하나의 꼬리표를 붙이는 데 반대했다(그리고 지금까지도 반대한다). 평범한 표현을 쓰자면, 그에게는 심각한 성격장애가 있었던 것이 분명했다. 그러나 정신병적이지는 않았다. 그는 일종의 돈키호테, 미니버 치비, 마법사 멀린,* 영원히 기타를 놓지 않는 음유시인 신드롬을 가졌던 사람이었다. 확실한 것은 그가 엄청 흥미롭고 놀랍게 매력적이며 전적으로 특이한 사람이었다는 사실이다.

슬픈 후기

다섯 번째 해에 우리는 몇 달 동안 서신을 주고받지 않았다. 당연히 나는 그가 잘 지낼 것이라 여겼고(그리고 환자가 혼자 있을 시간이 있어야 한다고 여겼고) 그가 다음번 재건수술을 하기 위해 병원에 오면 보게 될 것이라고 생각했다. 그러던 어

---

* 아서왕 전설과 중세 웨일스 시가詩歌에 등장하는 마법사.

느 날 그가 죽었다는 것을 알고는 깜짝 놀랐다. 그는 첫 번째 시도 이후 거의 정확히 5년이 지났을 때 머리를 쏘았다. 그가 막 서른 살이 되고 나서였다.

몇 주 후 나는 그가 살던 멀리 떨어진 곳의 정신건강기관 직원으로부터 편지를 받았다. 다음은 그녀가 쓴 편지다.

그는 하딩이라는 청년을 그 누구보다도 사랑했습니다. 그 청년 없이는 살 이유를 찾지 못했습니다. 그에게는 생명보다 평화가 필요했습니다. 생명도 사랑했지만 말입니다. 그는 죽음에 고착됐고 지난 몇 년 동안 그런 생각을 해보곤 했습니다. 그는 자기가 시작했던 일을 언젠가는 끝낼 것이며 자기만이 그게 언제인지 알고 있다고 말했습니다. 그가 죽은 후에 밝혀진 것은 하딩이 그를 때리곤 했다는 것입니다. 그에게 검푸른 멍 자국이 많았는데, 자기가 넘어져서 생긴 것이라고 말하곤 했습니다. …

카스트로는 마르고 약해졌다. 총상 이후 입도 턱도 없어져서 5년간 딱딱한 음식은 전혀 먹지 못했다(그는 액체 아이소칼*에 의지해 연명했다. 그 액체는 깔때기를 통해 그의 위관에 투여되었다). 전에는 눈에 띄게 탄탄했던 그의 이두박근과 흉근은 다소 위

---

* 정상적인 음식 섭취가 어려운 환자를 위한 액상 영양식 중 하나.

축되고 말라버렸다. 그의 신체는 약해졌고, 신체적 고통 탓에 정서가 메마르고 진이 빠졌다. 그리고 더 나빴던 것은 5년 전의 말다툼과 거부, 외로움을 다시 안고 살고 있었다는 사실이다. 그리고 이번에는 그의 조준이 치명적이었다.

두 번의 총상 사이에 카스트로는 수차례 수술을 받았다. 새로운 턱과 얼굴을 만들기 위해 뼈와 피부를 이식하는 재건수술이었다. 나는 그가 골반과 가슴에서 느껴지는 극심한 고통을 밤낮없이 견뎌냈음을 안다. 거기서 뼈, 연골, 피부를 떼어냈기 때문이다.

그가 (예닐곱 번 수술 후 또다시 수술을 받고) 집으로 돌아간 뒤에 썼던 편지다.

내가 매일 발휘해야 하는 용기는 모든 것을 성공시키는 데 필요한 것이 내 안에 있다는 것을 보여줍니다. 내가 될 수도 있었던 것을 바라보며 그것이 이뤄질 수 있었음을 압니다. 이 것들은 모두 지금 겪는 어려움에 비하면 아주 단순해 보입니다. 지금이 힘들다고 말하는 것이 아닙니다. 하지만 누군가 내 위치에 있다면, 내가 겪어왔고 아직 겪어야 할 것들을 얼마나 견뎌낼 수 있을지 궁금합니다. … 집에 가게 되면 늘 안심이 됩니다. 이제 자려고 합니다. 선생님 답장이 곧 오기를 바랍니다. 그때까지 건강 조심하시고 안녕하시길. 당신의 친구가.

어느 재향군인의 날에 나는 옷깃에 작은 군대 리본을 달았다. 그것은 내가 제2차 세계대전에 젊은 장교로 복무해 받은 무공훈장이었다. 카스트로는 그것을 보고서 감탄했다. 그 뒤에 나는 군용품 가게에 가서 그를 위해 리본을 하나 구입했고, 그다음 날 그의 병실에서 면담할 때 그에게 주었다. 병원에서 군인처럼 용감했다는 상으로.

물론 병원과 그의 지역사회에서 많은 사람이 카스트로와 함께했고 그를 도와주려고 했다. 최고 수준의 재건수술팀, 간호사, 사회복지사, 지역사회기관의 직원, 정부기관과 점자기관 직원 등 모두 선한 이들이었다. 그가 까다롭게 구는 좀처럼 드문 경우를 제외하고는(그것도 이해할 만한 것이었다) 그는 얼굴 대부분이 심하게 손상되었는데도 불가해하게 매력적이고 흥미로우며 때로는 심히 애처로웠다. 그를 알았던 모든 사람이 그의 죽음을 슬퍼했다.

이 장은 그를 기억하며 바친다.

4부

살아서 머무르기

Staying Alive

"자살을 치료하는 임상의 문제는, 즉 잠재적인 구조자가 숙제처럼 붙잡고 씨름해야 하는 어려운 문제는, 자살하려는 사람에게 도피와 평화라는 목표가 묘한 매력이 있다는 사실이다. 만일 그렇지 않다면 자살하려고 하지 않을 것이다. 삶을 연장해 가는 것이란 자연히 의무와 고통에도 삶의 일부를 나눠줘야 하는 부담을 지는 일이라는 것은 누구든 인정하고 다룰 수밖에 없는 일이다."

7장
자살의 공통점

새로운 발상은 마치 굶주린 사람에게 음식처럼, 강제수용소에서 풀려난 사람에게는 새 옷처럼 새로운 희망을 만들어 낸다. 이는 자살하려는 사람과 치료자 둘 다에게도 그렇다.

내게 새로운 발상이란, 자살하고 싶은 모든 환자들, 말하자면 내가 수년 동안 연구해 온 자살 시도자들 모두가 각자 지닌 심리적 욕구와는 별개로 어떤 일정한 심리적 특성을 드러냈다는 것이다. 나는 생각의 가마솥에서 이것들을 끓여 자살의 공통점을 10가지로 졸여냈다.[24]

내가 말하는 '공통점'이란 자살의 100가지 사례 중 적어도 95가지 사례에 들어 있는 특징을 의미한다. 즉, 거의 모든 자살 사례에서 생기는 사고, 감정, 행위의 어떤 측면이라는 의미다. 나는 남성의 자살, 또는 아프리카계 미국인의 자살, 또는 십대의 자살, 또는 조증·우울증 상태에서의 자살에 관해서 말하고 있는 것이 아니다. **자살**, 모든 자살에 관해 말하고 있다. 어떤 연령과 성, 인종, 또는 정신의학적 진단에 대해서 초점을 맞추기보다는 특정 사례에 초점을 맞춤으로써 자살하려는 사람의 성격을 우리가 이해할 수 있길 바란다. 그리고 물론 그들이 왜 그런 극단적인 행동으로 내몰리는지 이해할 수 있기를 바란다.

여기에 내가 연구함으로써 발견해 온 자살의 심리적 공통점 10가지를 소개한다(표 3 참조).

1. 자살에서 공통되는 **목적**은 **해결책**을 찾는 것이다. 자살은 무작위 행동이 아니다. 절대로 목적 없이 일어나는 일이 아니다. 그것은 문제, 딜레마, 속박, 어려움, 위기, 참을 수 없는 상황으로부터 벗어나기 위한 방법이다. 에릴, 베아트리체, 카스트로, 그리고 다른 누구에게든지 자살이라는 생각은 거침없는 논리를 획득해 그 자체의 추진력에 올라탄다. 자살이 그 답이 된다. 말하자면, 어떻게 이것으로부터 벗어날까, 내가 무엇을 해야 할까 하고 고민하고 있는 사람에게는 자살이 쓸 수 있는 유일한 해답인 것처럼 보인다. 자살의 목적은 문제를 해결하는 것이다. 치열한 괴로움을 만들어내는 문제에 대한 해결책을 찾는 것이다. 자살이 무엇인지 이해하려면, 자살하려는 사람이 다루려고 의도하는 심리적 문제를 반드시 알아야 한다. 에릴이 말했듯이, 그녀는 "더 이상 상처받지 않

표 3. 자살의 공통점 10가지

- 자살에서 공통되는 목적은 해결책을 찾는 것이다.
- 자살에서 공통되는 목표는 의식 중지다.
- 자살에서 공통되는 자극제는 견딜 수 없는 심리적 고통이다.
- 자살을 압박하는 공통된 스트레스 요인은 심리적 욕구 좌절이다.
- 자살에서 공통되는 정서는 절망, 무력함이다.
- 자살에서 공통되는 인지 상태는 양가적이다.
- 자살에서 공통되는 지각 상태는 위축이다.
- 자살에서 공통되는 행동은 탈출이다.
- 자살에서 공통되는 대인관계의 행동은 자살 의도 전달이다.
- 자살에서 공통되는 패턴은 삶의 대처 방식과의 일관성이다.

기" 위해 무언가를 할 필요가 있었다. 카스트로가 되풀이해서 밝힌 목적은 이것이었다. "내가 아주 오랫동안 찾아왔던 평화를 얻을 겁니다."

2. 자살에서 공통되는 **목표**는 의식 **중지**다. 자살을 자신의 의식과 참아낼 수 없는 고통을 완전히 멈추게 하려는 움직임으로 이해하는 것이 자살에 대한 가장 올바른 이해다. 괴로운 사람이 의식 중지를 자기 삶의 고통스럽고 압박하는 문제에 대한 해결책으로, 정말 완벽한 해결책으로 본다면, 더욱더 그렇다. 의식 중지가 그 해답이나 그 출구가 될 수 있다는 생각이 고뇌에 찬 마음에 생기는 순간, 점화의 불꽃이 튀고 적극적인 자살 시나리오가 이미 시작된다. "나는 나 자신을 죽음의 두 팔에 맡겨버렸다." 이것이 우리에게 자신의 모든 것을,

이제, 영원히 멈추고 싶다고 말하는 카스트로의 방법이었다.

3. 자살에서 공통되는 **자극제**는 견딜 수 없는 심리적 **고통**이다. 만일 자살하려는 사람이 중지를 향한다면, 그는 심리적 고통(또는 극심한 정신통)을 피하려는 것이다. 어떤 세밀한 분석에서든, 자살은 중지를 향하면서 한편으로는 견딜 수 없는 감정, 감당하기 힘든 고통, 받아들일 수 없는 고뇌로부터 멀어지는 복합적인 움직임으로서 가장 잘 이해된다. 기뻐서 자살하는 사람은 없다. 생명의 적은 고통이다. "나는 속으로 죽었다." "나는 속으로 아주 심하게 아팠다." "범람한 고통의 파도가 내 몸을 휩쓸고 지나갔다." 고통은 자살의 근원이다. 자살은 극심한 심리적 고통, 즉 인간적 괴로움의 고통에 대해 인간만이 하는 반응이다. 나는 자살하려는 사람의 주의를 끌려면 무엇보다 그 고통을 다뤄야 한다고 믿는다. 만약 우리가 타인의 괴로움의 정도를 비록 아주 조금이더라도 줄여줄 수 있다면, 그 사람은 어쩌면 자살이 아닌 다른 선택지를 찾을 수도 있고 그래서 살기로 선택할지도 모른다.

4. 자살에서 공통되는 **스트레스 요인**은 심리적 **욕구**의 좌절이다. 에릴, 베아트리체, 카스트로의 사례에서 보았듯이, 자살은 정신적 욕구가 좌절되거나, 막히거나, 성취되지 못한데서 기인한다. 그것이 바로 고통의 원인이 되고 자살 행동을 불러일으킨다. 이런 맥락에서 자살을 이해하려면 훨씬 더 광범위하게 질문을 던질 필요가 있다. 인간 행위 대부분의 심리

적 지지대는 무엇인가? 가장 구체적이지 않게, 즉 일반적으로 말하자면, 인간 행위는 인간의 다양한 **욕구**를 충족시키려는 의도로 이루어진다는 것이다. 물론 자살 대부분에는 다양한 욕구의 결합이 드러난다. 근본적인 수준에서 본다면, 자살하려는 사람은 자기가 자살하는 행위에 목적이 있다고 믿는다. 무의미한 죽음이 많지만, 자살 행동은 모두 각각 성취되지 못한 어떤 특정한 심리적 욕구를 반영한다.

5. 자살에서 공통되는 **정서**는 **절망**, **무력함**이다. 인생 시작부터 유아는 수많은 정서(분노, 행복)를 경험하면서 그것들을 재빨리 구별해낸다. 자살하려는 상태에 있는 청소년이나 성인을 지배하는 것은 무력함·절망의 감정이다. "내가 [자살하는 것 말고는] 할 수 있는 것이 아무것도 없고, [고통을 겪는] 나를 도와줄 사람이 아무도 없어요." 초기 정신분석학의 자살 공식에서는 무의식적 적대감을 강조했다. 그러나 오늘날 우리 자살학자들이 알게 된 것은 깊은 기본 정서가 따로 있다는 것이다. 기저에 깔려 있는 정서 중 하나는 활성화된 무력한 권태감이며, 그것은 모든 것에 희망이 없고 무력하다는 실의에 빠진 감정이다. 카스트로는 이렇게 표현했다. "희망의 빛줄기가 상실된다."

6. 자살에서 공통되는 **인지 상태**는 양가적이다. 프로이트는 겉보기에 깔끔한 논리를 넘어선 잊을 수 없는 심리적 진실을 우리에게 알려주었다. 어떤 것이 A이면서 동시에 A가 아

닌 것일 수 있다는 사실이다. 우리는 어떤 사람을 사랑하고 증오하는 것을 동시에 할 수 있다. "내가 너를 증오하는지, 사랑하는지 정말 말하지 못하겠어." 에릴은 우리에게 다음과 같이 말했다. "내가 사실은 아빠를 사랑했다는 것이 드러났어요. 나는 아빠를 미워했다고 생각했는데 말이에요." 우리는 자기 삶의 중요한 많은 것에 대해서 두 가지 마음을 지닌다. 나는 실제로 누군가 자살하는 그 순간에도 삶과 죽음에 대한 양가감정을 지닌다고 믿는다. 그들은 죽기를 소원하는 **동시에** 구조되길 소원한다. 젊은 여자가 병원의 철제 난간 위를 걸었던 것에 관해 말하면서, "그 건물 전체가 유리로 되어 있기 때문에 〔나는〕 누군가 나를 저 모든 창문 밖으로 보기를 바라고 있었어요." 한 개인이 자기 목을 베면서 동시에 도움을 외치는 것이 자살의 원형적 형태이며, 그 두 행위에는 모두 진심이 담겨 있다. 양면성은 자살의 공통된 형태다. 자기가 자살해야 한다고 느끼는 동시에 누군가 끼어들기를 갈망한다. 구조의 가능성을 전혀 상상하지 않고 자살을 100퍼센트 원했던 사람은 내가 아는 한 아무도 없었다. 그 개개인이 자살을 '해야' 할 필요가 없었다면, 하지 않아도 되는 것에 좋아했을 것이다. 어느 자살에든 들어 있는 이 양면성은 우리에게 임상적 개입이 도덕적인 정언명령임을 알려준다. 삶과 죽음을 놓고 투쟁할 때 문명화된 사람이면 왜 삶 쪽으로 기울지 않겠는가?

7. 자살에서 공통되는 지각 상태는 **위축**이다. 나는 자살을 정신증이나 신경증, 성격장애로 이해하는 것이 최선의 이해가 아니라고 믿는다. 자살을 우리의 정서와 지성을 포함한, 다소 순간적인 심리적 위축으로 보는 것이 더 정확하다고 생각한다. "다른 할 수 있는 것이 없었다." "유일한 출구는 죽음이었다." "내가 할 수 있었던 단 한 가지[는 나를 죽이는 것이었다], 그리고 그렇게 하는 유일한 방법은 꽤 높은 곳에서 뛰어내리는 것이었다." 이러한 진술은 위축된 마음의 작용을 보여주는 예다.

위축의 동의어는 '굴 파기', '집중', '좁히기'다. 한 개인의 마음이 공포에 사로잡혀 이분법적(이것 아니면 저것) 사고로 빠져들지 않았을 때는 **그**의 의식에서 보통 이용할 수 있는 다양한 선택지가 있는데, 위축되면 그 선택지 중 하나로만 굴을 파든가 집중하든가 좁혀 들어가는 것이다. 이분법적 사고는 내가 이 특정한(거의 마법 같은) 기분 좋은 해결책을 이루어내든지, **아니면** 내가 사라지든지 둘 중 하나로만 생각하는 것이다. 전부 아니면 전무라고.

슬프고도 위험한 사실은, 위축된 상태에서는 사랑하는 사람들을 향한, 삶을 지탱해 주는 책임감이 그저 외면되는 것이 아니라, 훨씬 더 나쁘게도 때로는 그 마음에 들어 있지도 않다는 것이다. 자살하는 사람은 과거의 모든 유대관계를 끊고 일종의 정신적 파산을 선고하는 것이라서, 그의 기억은 아무것도 취득할 권리가 없어진다. 그 기억들은 더 이상 그를 구해줄 수 없고, 그는 기억들이 미치지 않는 곳에 있게 된다. 자살하려는 사람을 구하기 위해서는 심리적 위축을 처음부터 다뤄야 한다. 도전과 과제는 분명하다. 그 가능성을 열어라. 지각에 닿는 빛을 가로막는 블라인더를 걷어올려라.

8. 자살에서 공통되는 **행동**은 **탈출**이나 물러남이다. 물러남이란 사람이 의도적으로 어떤 구역으로부터 떠나는 것이다. 그곳은 괴로움이라는 구역일 경우가 많다. 유서에서는 다음과 같은 문구가 발견된다. "그래서 나는 목숨을 끊음으로써 벗어날 것이다." "이제, 마침내, 정신의 시달림으로부터 자유다." 자살은 궁극적인 물러남이다. 그에 비하면 가출, 사직, 탈영, 배우자 곁을 떠나는 것 등의 물러남과 탈출은 대단하지 않은 것이다. 휴가를 가거나 좋은 책에 파묻힐 때 우리는 세상의 "플러그를 뽑는다"라고 말한다. 그러나 대부분의 사람은 잠시 벗어나려는 소원과 영원히 삶을 차단하려는 욕구를 분간할 줄 안다.

9. 자살에서 공통되는 **대인관계 행동**은 자살 **의도 전달**이다. 로스앤젤레스 센터에서 자살이 명백한 죽음에 대해 심리부검을 하면서 우리가 알아낸 가장 흥미로운 것 하나는, 절대적 다수의 사례에서 그 일이 곧 치명적으로 닥칠지도 모른다는 단서가 있었다는 사실이다. 윌리엄 스타이런은 "나는 죽을 것이다"라고 전혀 모르는 사람에게 말했다. 카스트로는 "친구

들에게 작별 인사를 하기 시작했다"라고 말했다. 자살을 의도
한 사람은 자살에 관한 양가감정을 가지고 있어도 그 의도에
대한 단서나 심리적 시달림의 신호, 무력함에 대한 투정, 또
는 개입해 달라는 호소를 의식적으로든 무의식적으로든 내보
내는 경우가 많다. 자살에서 공통되는 대인관계 행동이 적대
감, 격노나 파괴, 심지어 물러섬이나 우울이 아님을 주시하는
일은 슬프고도 역설적이다. 물론 이런 언어적 소통과 행위적
소통은 간접적으로 이루어질 때가 많지만, 누군가 그것을 들
을 귀와 눈치가 있다면 들을 수 있는 것들이다.

10. 자살에서 공통되는 **패턴**은 **삶의** 대처 **방식**과의 일관성
이다. 병(암이라고 치자)으로 몇 주나 몇 달 안에 죽을 사람은
상당수가 자신의 본모습을 나타내게 되고, 심지어 보통 때의
자아보다 과장해서 나타내기도 한다. 이런 사례 거의 모두에
서 볼 수 있는 것은 어떤 한 패턴인데, 우리가 보려고만 한다
면 그 패턴은 볼 수 있다. 즉, 고통, 위협, 실패, 무력함, 강제
력에 대한 그 사람의 즉각적 반응뿐 아니라 장기간의 반응도
감정의 과시와 방어기제를 사용한다는 점에서 일치하는 것을
볼 수 있다. 그리고 그 반응은 그의 인생 초기에 있었던 부정
적인 사건과 연결된다. 사람은 너무나도 자기 자신에게 충실
하다. 그리고 이를 일생 동안 특정한 측면에 대한 반응의 일
관성을 통해 보여준다. 그러나 자살에서는 그 흔적을 처음에
는 놓쳐버린다. 자살은, 그 정의에 따르면, 그 사람이 전에는

한 번도 해본 적이 없는 것이어서 정확한 선례가 없기 때문이다. 하지만 그 사람이 이전의 장애물에 대처한 행위에는 일관성이 있다. 우리는 그 사람이 경험한 이전에 어긋났던 일들과 그 인생의 어두운 시기를 살펴보면서 심리적 고통을 견디는 그의 역량을 반드시 평가해야 한다. 위축과 이분법적 사고를 선호하는지, 포기하는 경향이 있는지 여부를 살펴볼 필요가 있다. 회피와 물러남의 전형이 이전부터 있었는지를 알기 위해서다. 왜 직장에서 사표를 냈는지, 왜 배우자와 이혼했는지, 심리적 고통이 어떻게 관리되었는지, 그 세세한 것과 그 미묘한 차이가 그에 관한 정보를 줄 것이다. 굴복하고 도망가려 하며 지워버리려 하고 회피하려는 경향의 반복은 어쩌면 궁극적으로 자살을 가리키는 하나의 단서로서 가장 큰 소리를 내는 것이 될 것이다.

나는 암에 걸려 시한부 삶을 살고 있는 노인(80대) 환자가 주사 관과 바늘을 스스로 빼버리고 어떻게 했는지 침대 난간을 내린 뒤 있는 힘껏 입원실의 무거운 창문을 들어 올려서 창문 밖으로 투신해 죽은 자살 사건 조사에 참여해 달라는 요청을 받은 적이 있다. (모든 자살에 대해서 그렇듯이) 그에 대해서도 알 수가 없었다. 무엇이 그를 그토록 서두르게 했을까? 아무것도 하지 않았어도 그는 며칠 지나지 않아 죽었을지 모른다. 그는 제2차 세계대전 참전 용사였고, 그에 대한 기록이 온전히 남아 있었다. 그의 '사회적' 사실(직업, 결혼상태, 교육, 군대)은 비교적 보기 드문 것들로, 그를 이해하는 데 특별한 도움을 주었다. 그는 예닐곱 번 결혼한 사람이었다. 드문드문 교육을 받았고, 상사에게서 한 번도 해고 통보를 받은 적이 없었으며, 배우자에게 이혼당한 적도 없지만, 꽤나 떠돌아다닌 사람이었다. 더 정확히 말하면 해고되기 전에 직장을 **그가** 그만두었다. 아내들은 그를 떠나지 않았다. 그가 그녀들을 떠났다. 군법회의에 회부될 수도 있었지만, 그러기 전에 전역했다. 그의 인생은 급작스러운 떠남의 연속처럼 보였다. 암으로 인한 죽음도 그를 붙잡지 못했다. 자기 방식대로 죽겠다고 그가 결심했기 때문이다. 제대로 되짚어 보자면 그의 자살은 그의 성격을 통한 추정으로써 전적으로 예견할 수 있는 것인 듯 보였다.

되풀이해서 말하지만, 사람이란 그 자신에 대해 매우 일관성이 있다. 그러나 내가 서둘러 덧붙여야 할 말은, 미래에 일어날 가능성이 있는 어떤 자살이라도 그것이 확정적이지는 않다는 점이다. 변화할 역량이 있다는 사실이야말로 우리가 인간존재라는 위대한 증표이기 때문이다. 어쩌면 '성격을 벗어난' 행위란 거의 불가능하지만, 가능한 그리고 늘 생기는 일은 성격이 성장하고 성숙해 변화한다는 것이다. 그럼으로써 우리는 일시적으로 압도하는 정신적 고통에 저항하고 살아남을 수 있다.

사랑받는 소설 중에는 줄거리 속에 자살이 들어가 있는 것이 있다. 몇 권만 떠올려보아도, 케이트 쇼핀Kate Chopin의 『각성The Awakening』, 플로베르의 『보바리 부인』, 괴테의 『젊은 베르테르의 슬픔』, 페르 라게르크비스트Par Lagerqvist*의 『난쟁이』, 톨스토이의 『안나 카레니나』의 줄거리가 그렇다. 이런 소설에서 흥미로운 점은 (그 멋진 문장 말고도) 주요 등장인물들의 일관성이며, 우리가 그들의 죽음을 그들 일생에 꽤 들어맞는 결말로 받아들인다는 사실이다. 그렇게 자살로 결말이 나는 것이 모파상식의 놀라움이 아니라 오히려 그 인물의 한계 안에서 나온 이해할 만한 결과라는 것이며, 유감스럽지만 그 사람의 불행한 환경과 불행한 결핍을 고려한다면 심리적인 '불가피함'이라는 것이다. 누구든 자살할 수 있을까? 그럴 것 같지는 않다. 하지만 당신이 안나라면, 엠마라면, 에드나라면, 당신 삶의 페이지를 어떻게 넘길지, 그리고 당신 자신이 그리게 될 구석에 몰릴 때 조심해야 한다.

위축되어 자살하려는 사람을 그 상태에서 벗어나도록 도우려면 해야 할 질문들도 있다. 어디가 아픈가요? 무슨 일이 일어나고 있나요? 당신이 해결해야 한다고 느끼거나 빠져나와야 한다고 느끼는 것이 무엇인가요? 자신에게 해가 될 어떤 일을 하겠다고 계획한 것이 있나요, 어떤 계획일까요? 당신을 계속 살게 하는 것은 무얼까요? 어떤 식으로든 이와 비슷한

---

* 1951년 노벨문학상을 받은 스웨덴 작가.

상황에 처한 적이 있나요? 그때 무엇을 했나요? 그것이 어떻게 해결되었나요?

자살하려는 사람을 도우려고 할 때 생각해야 할 것은 그 사람이 자살의 대안을 만들어내게 하는 것이다. 먼저 그 문제를 생각하게 하고(그리고 그 문제를 설명하게 하고), 그다음에는 다른 과정으로 행동할 가능성을 들여다보게 만드는 것이다. 새로운 개념화는 그 문제를 만들어낸 길을 전적으로 바꿔주지는 못할지라도 그 사람이 살아가게 할 해결 방법 중 하나를 제공할 수는 있다. 그것이 자살하려는 사람들과의 작업에서 일차적 목표가 된다.

8장

개인의 욕구에 맞춘 치료

심리치료에 관한 이야기를 잠시 해보자. 자살 환자들의 공통점 10가지가 치료자에게 알려주는 의미는 상당히 명확할 수밖에 없다. 고통을 줄이고, 블라인더를 걷고, 압박을 줄이라는 것이다. 이 세 가지를 해야 한다는 것이다. 아주 조금만이라도 해야 한다. (정신의 동요와 치사율이라는 의미에서) 전문적으로 표현하자면, 만일 당신이 어떤 개인의 정신의 동요(무언가 잘못되고 있다는 자각)를 다룬다면, 그 사람의 치사율(자살로써 정신의 동요에서 벗어나라는 압박감)도 동요가 줄어드는 만큼 감소할 것이다. 그것이 자살하려는 사람을 치료하는 목표다. 합당한 범위 내에서 약물치료나 입원치료를 포함해 효과가 있는 것이라면 무엇이든 활용해야 한다. 처방을 내리는 사람이 스스로 무엇을 하고 있는지 알고 있다면 말이다.

자살의 대안에 관해 생각하고 이야기를 나누는 것은 중요하다. 먼저 그 문제를 다시 생각하고 다시 언급하며 자살이라는 해결책이 아닌 다른 가능한 행동 방향을 검토하는 것이다. 이렇게 새롭게 개념화하는 일은 그 문제를, 즉 자살하려는 사람이 그 문제를 형성했을지도 모를 방식을 전적으로 해결하지는 못하겠지만, 새로운 개념화를 통해 (재정의된) 문제들을 다르게 보는 치명적이지 않은 방식들을 제공해 선택할 수 있게 해줄 것이다.

심리치료는 특별한 영역이며, 다른 것과는 차별되는 특별한 탐구와 개인적 성장의 자리가 된다. 온갖 흥미롭고 유익한 일들이 심리치료에서 일어날 수 있다. 환자를 구한다는 한 가지 목표 안에는 목표 달성으로 향하는 두 단계가 있다. 첫 번째 단계는 특정한 심리적 욕구 성향에 맞춰 치료를 조절하고 방향을 잡는 것이다. 이것은 성취 가능한 목표이고, 단지 치료자의 기술과 유연성, 그리고 환자의 적극적인 협력만 있으면 된다. 두 번째 목표는 장기적으로 바라는 치료 효과다. 그것은 생명을 위협하는 욕구 자체를 재검토하고 수정하는 것이다.

동등한 어떤 두 사람 사이의 일상적인 대화를 살펴보면, 거기서 많은 것이 진행되고 있음을 보게 된다. 언명하지 않았으나 상호 동의한 일련의 규칙이나 기제가 있고, 그것들이 대화가 흘러가는 동안 작용한다. 예를 들어, 두 명의 화자는 번갈아 말하거나 말에 끼어들기를 허용하기로 동의한 것처럼 보였다. 내 어린 시절에는 활기찬 가족 저녁 식사 중에 어느 누구도 한 문장을 완성해 말하면 안 되는 규칙이 있는 것 같았다. 내가 하버드대학에 있을 때는 그 규칙이 아주 달랐다. 주제 바꾸기, 한 주제 확대하기, 분위기 바꾸기, 주제에서 벗어나기, 정보 요청하기, 대화 끝내기 등과 같은 다른 무언의 규칙들이 있었던 것 같다.

세상에서 대화의 주요 내용은 명백하게 드러나는 것들에 관한 것이다. 즉, 사람들은 아기, 음식, 돈, 정치적 사건, 뉴스에 나오는 인물, 가족, 자동차 등에 관해 이야기한다. 친구가 당신의 새 차 연비가 어떤지 물으면 차와 연비가 대화의 주제가 되는 것이다.

반면에 심리치료는 그저 주고받는 대화가 아니다. 분명 심리치료는 일반적인 대화 규칙과는 다른 나름의 규칙이 있다. 근본적으로 치료는 적어도 두 가지 중요한 부분에서 대화와 다르다. 치료는 위계적이다. 말하자면 치료자와 환자는 동등하지 않다. 대화에서와 달리 그들은 정보를 주고받고 시간을 똑같이 차지하거나 자리를 교환할 수 없다. 그들의 역할은 아주 다르다. 대화와 심리치료의 차이점은 나누는 말의 내용에 있다. 그것은 그저 차나 연비에 관한 것이 아니다. 치료에서는 그 두 당사자 사이에 내재된 이해가 있다. 환자는 일반적으로는(적어도 경우에 따라) 언급되지 않는 일에 관해 말할 것이고, 심지어는 지금까지 한 번도 머릿속에 떠오르지 않았던 것에 관해 말하기도 한다. 심리치료의 역설은 환자가 별로 토론하고 싶지 않았던 것을, 이전에는 생각해 본 적이 없었던 것까지도 자발적으로 이야기를 하게 된다는 것이다. 더 큰 역설은 이런 일이 일어날 뿐 아니라 도움이 된다고 판명된다는 점이다.

심리치료에는 치료자가 치료가 진행되도록 이용할 수 있는 것들, 즉 내가 '기제maneuver'라고 부르는 것이 들어간다. 물론 심리치료의 주제로는 그 나름의 어휘, 전문적인 용어가 있다. 예컨대 전이, 저항, 방어기제 같은 용어는 없어서는 안 되는 것들이다. 수많은 교과서가 이런 용어들을 정의하지 않으면 안 될 것처럼 다룬다. 그러나 이 책은 그런 것들을 위한 자리는 아니다. 나는 여기서 이 기제 중 24개만 나열해 논의하기로 스스로 정했다. 그렇게 하는 목적은 심리치료가 어떤 특정한 환자의 구체적인 욕구들을 반영하는 것이 되도록 정제하려는 것이다. 이 기제들의 목록은 표 4에 있다. 이 접근방식의 목표는 그 개인의 심리적 욕구의 성향에 맞도록 옷본을 그리고 본을 뜨는 것이다. 그러한 욕구들이 자살로 몰고 가는 고통의 원인이 되기 때문이다.

다음은 앞서 이야기했던 총명하지만 자살 충동을 느끼는 대학생 베아트리체 베센과 내가 진행한 회기에서 발췌한 것이다. 이것을 읽어가면서 그녀의 주장과 응답에 들어 있는 상

표 4. 심리치료 기제

1. **수립**establish	13. **확인**identify
2. **집중**focus on	14. **강조**emphasize
3. **회피**avoid	15. **관찰**monitor
4. **경계**be alert for	16. **연락**contact
5. **격려**encourage	17. **탐구**explore
6. **강화**reinforce	18. **해석**interpret
7. **지각**be aware of	19. **주의**be wary of
8. **저항**resist	20. **감정**evaluate
9. **이의**disagree with	21. **평가**assess
10. **설명**explain	22. **획득**obtain
11. **제정**institute	23. **협의**consult with
12. **조율**arrange for	24. **제외**rule out

주: 이 기제들은 각 개인에 따라 재단될 수 있고, 각 기제는 좌절된 심리적 욕구와 연결되어 사용될 수 있다.

호대응적인 요소를 찾아보자.

베셴 말씀하신 게 엄청 흥미롭네요. 그 이론들 일부는 의심스럽지만요. 심리학을 공부하면서 어떤 부분에 가면 늘 의구심이 들어요. 뭘 공부하든 사람들은 대부분 공부하다가 의심나는 부분이 있을 것 같아요. 그래도 관심은 있어요. 그리고 제가 겪어온 것과 그걸 제 머릿속에서 어떻게 느끼는지 선생님에게 솔직하게 대답을 할 수 있다고 생각해요.

저자 너의 심리적 고통에 관해서 더 말해주렴.

베셴 예, 그래요. 제 모든 고통은 다른 게 아니라 정신적인 거예요. 늘 힘이 들 때가 있었어요. 울거나 소리치거나 감정적이 되거나 날뛰거나 저 자신을 내던지거나, 무엇을 하든지요. 그래도 논리적으로는 자신을 생각하고 그려보고 분석하는 데 시간을 썼는데, 미쳤다고 느낄 정도까지 그러곤 했어요. 저는 스스로에게 말을 걸고 머릿속 덫에 빠지게 할 수 있어요. 제 생각에 저는 사람이 변할 수 있는지 의심하는 것 같아요. 근본적인 것을 바꾸는 것 말이에요. 저는, 저 자신은, 대학을 다니면서 변했거든요. 고등학교에 있을 때와는 정반대가 됐어요. 그 사람이 지금의 저예요. 그런 종류의 변화죠. 하지만 제가 느끼기에는, 저한테는 전혀 바꿀 수 없었지만 바꾸고 싶었던 근본적인 것들이 있어요. 그래서 좀 의심하는 거예요. 사람이 세상에 관해 가진 의견을 그냥 바꿀 수 있다고 선생님이 말하는 그 이론 전체를요.

저자 바꿀 수 없다고 생각하는 그 본질적인 것 하나를 말해줄 수 있을까?

베셴 누군가를 전적으로 신뢰하는 거요.

저자 전적으로?

베셴 완전히요. 무조건적으로. 자신을 완전히 신뢰하는 것까지를 말하는 거예요.

〔침묵〕

저자 지금은 무슨 생각을 하고 있니?

베셴 극단적인 것들을 생각하고 있어요. 그리고 나는 어떻게 전부 아니면 전무로 향하는 경향이 있는지.

저자 응? 세상을 이분법적으로 나눈다는 것이니?

베셴 어떤 것들은 명백하지는 않지만요. 누군가에게 학대받고 신체적으로 구타당하는 것에서는 쉽게 볼 수 있잖아요. 저라면 보고 금방 밖으로 나가 경찰에 전화할 거예요. 뭐든 행동할 거라 생각해요. 하지만 사람들이 상대를 때리는 방법은 복잡하고 많다는 생각도 해요. 신체적이지 않아서 볼 수 없는 구타도 있으니까요.

저자 정말 그렇지. 하지만 사람은 과장을 하기도 하니까. 특히 과거에 대해서는.

베셴 내 과거가 정말로 지나가 버렸다고 느끼진 않아요. 내 과거가 멀어졌다거나 내 뒤에 있는 시간이라고 느끼지도 않고요. 제가 느끼는 건, 과거가 여기에 내내 있고, 지금 안에요, 바로 그냥 현재로 있다는 거예요. 말하자면, 과거라는 걸 인정하지만 그렇게 지나갔다는 식으로 느끼진 않는다는 거예요.

저자 네가 과거를 약간 다른 식으로 볼 수 있다는 거지? 과거를 보는 네 관점이 유일하게 가능한 관점이 아니었다는 건가? 과거가 네가 생각했듯이 엄청나지 않았을 수도 있었다는 거?

베셴 확실히요. 논리적으로 제가 생각하기에는 그래요. 그런데 저는 어떤 종류의 파멸이든 스스로에게 논리적으로 말해왔지만, 그 논리에 머물지는 않아요. 왜냐하면 그 트라우마가 일어났을 때, 제가 여덟 살인가 정도에, 그때 느낌은 삶 아니면 죽음이었거든요. 그리고 교육받은 이십대 성인이지만 지금도 되돌아보며 말할 수 있는 건, 음, 논리적으로요, 그것이 삶과 죽음의 상황이 아니었다는 거예요. 그래도 그땐 그걸 몰랐어요. 어른으로서 그렇게 말하지만, 여덟 살 아이로는 아니죠. 그러니까 이제 어른으로서 이 두려움이 어디서 오는지 인정하고, 과거를 분석하고 뒤에 남겨놓지만, 말하자면, 논리적으로는 과거가 자기 삶을 위협하지 않는다고 이해하고, 그 상황을 어른으로서 조정하려고 해요. 그 조그만 여덟 살짜리가 튀어나올지도 모르니까 어떻게 미리 조심해야 할지 아는 거죠. 늘 이렇게 해요. 스스로를 보호하려고요. 내가 나를 조절하는 방법은, 내 안에 있는 그 작은 아이가 튀어나와서 어떤 것을 삶 또는 죽음에 관한 일이라고 생각할 경우를 대비해서 내가 그걸 다룰 수 있는 상황을 만들어놓는 거예요. 그런데 내가 사용하는 조절법도 생명을 위협하는 것이 되기도 하죠. 그냥 매일 그렇게 살 수 없거든요. 이런 극심한 두려움 속에서 살 수는 없어요. 이건 내가 죽을 것인가, 아니면 내가 이런 정신 상태로 살 것인가의 문제거든요. 그건 너무 힘들어요. 그래서 조절하는 방법을 이용해요. 하지만 불행하게도, 또 우연히 그런 것 같지는 않은데, 결국 치명적인 조절법을 선택했죠.

저자 어떤 것들이 그런 것인지 말해주겠니?

베센 제게는, 현재로서는 먹는 것을 제한하는 것이요. 전에는 그 방법이 아니었지만요. 중독이었던 것 같아요. 약물을 이용했거든요. 늘 자살에 대해 강박적으로 생각했어요. 생각한다고 죽진 않을 거였으니까요. 그래도 그 환상을 성취하는 게 목표였기 때문에 궁극적인 파멸이 한 번 있었던 것 같아요.

저자 어떻게 그랬지?

베센 다양한 방법으로요. 3, 4년을 그랬어요. 그땐 매일 그 생각을 꿈꾸면서, 잠자기 전에 매일 다른 방법을 생각해 냈어요. 예를 하나 들면, 죽을 때까지 피를 흘리는 거예요. 피흘리는 게 시적이고 비극적이라는 생각이 마음속에 박혔죠. 어쩌면 많은 청소년이 그렇게 생각할지도 몰라요. 죽을 때까지 천천히 피 흘리는 것을 상상하곤 했어요. 그게 방법 중 하나였어요. 그건 어느 정도 낭만적이었고 사랑과 관련이 있었어요. 그것과 연관된 노래와 책이 있었죠. 그런 것에 깊이 빠져들었고 노래와 시를 썼어요. 내가 작곡한 노래와 내 삶 모든 것이 이 기괴한 주제의 한 부분이었어요. 그건 일종의 조절하는 일이었죠. 왜냐하면 내가 그 모든 정신적 에너지를 이용해서, 그렇게 집착하는 것을 이용해서, 실제로 일어나고 있는 것을 피한 것이거든요. 중독이었던 거죠. 그게 결국은 파괴적으로 되거나 파괴적인 것 그 자체가 되는 것 같아요. 마치 긴장할 때나 겁날 때마다 신경안정제를 먹는 것처럼요. 시나 노래에 의존하는 것, 사람에게 기대는 것도 그런 거죠.

저자   그런데 그것이 왜 그렇게 나쁠까?

베센   저도 선생님 생각에 동의해요. 사람이 의존할 필요가 있다는 것, 대중 심리학이 상호 의존을 지나치게 멀리 보내 버렸다는 걸요. 그렇지만 제가 말하고 있는 것은 아주 심각한 정도에 관한 거예요. 지금 다이어트를 이용하는 것처럼 저는 다른 사람을 이용했어요. 두려움을 가둬두는 방법으로요. 사람을 이용할 때 그것을 인간적으로 조심스럽게 의존하는 것이라고 말할 수 없을 정도로까지 이용했거든요. 그 사람이 제게 꺼지라고 말할 정도까지요. 그 사람과 나 사이에 놓인 선을, 우리가 서로 다른 사람이라는 걸 볼 줄 몰랐던 거예요. 이제는 그것이 전혀 건강한 것이 아니었다고 생각해요. 조절을 그렇게 이용하는 것이 그 자체로 문제예요. 말하자면, 그런 걸 내버려 두지 않았다는 거예요. 늘 그랬다는 거죠. 지나치게요. 신경안정제를 먹지 않는 것이 두려워요. 다른 사람의 손을 놓지 않을까 봐 겁나고….

이제 24가지 심리적 기제를 이용하는 이 접근법이 더 일반적으로 적용될 수 있을지, 특정하자면 우리가 지금까지 이야기해 온 자살하고 싶은 세 사람, 에릴, 베아트리체, 카스트로에게 적용할 수 있을지 살펴보자(이들 중 한 사람, 카스트로만이 실제로 내 환자였다). 이 책을 쓰는 동안 나는 이 사례들에 대한 자문을 받을 곳을 찾았다. 실제로 그들을 내 환자로 치료하고 있었더라도 내가 자문을 구했을 것이기 때문이다. 다행히도 UCLA 신경정신과연구소(1970년 이래로 나의 학문적 집이었다)의 내 방에서 복도를 따라 내려가면 이상적인 조언자가 있었다. 로버트 패스노Robert O. Pasnau 박사는 UCLA의 정신의학과 교수였고, 전 미국정신의학협회 회장이었으며, 에릴, 베아트리체, 카스트로의 사례를 연구했다. 그리고 나와 함께 24가지 기제의 목록을 이용해 어떻게 (가상의) 치료 대화를 구성할지 검토했다. 그 의도는 이 기제들을 이 세 명 각각에게 맞춰보려는 것이었다. 패스노 박사와 내가 함께한 그 자문 회기들은, 말하자면 부검의 성격을 지닌 심리치료 자문이었고, 그 목적은 그 이론을 어떻게 실천에 적용할 수 있을지를 내가 더 잘 이해하려는 것이었다. 만일 에릴과 베아트리체 각각과 실제로 치료 회기를 가질 기회가 있었더라면 내가 어떻게 했을지 보려는 것이었다.

내가 여기서 보여주는 심리치료의 (24가지 기제 중에서) 여섯 가지 기제는 이 모든 것이 어떻게 작용하는지 감을 잡게 해준다. 그 치료의 세부 사항이 환자의 좌절된 일차적 심리 욕구들로부터 어떻게 흘러나오는지(그리고 그 욕구들과 일치하는지)에 주목해 보자. 즉, 치료의 그 세세한 것들이 에릴의 사랑받고 자 하는 욕구, 베아트리체의 방어적으로 행동하려는 욕구, 카 스트로의 친밀해지려는 욕구에 어떻게 적용되어 실행되는지 에 주목하자. 실례로 든 이 여섯 가지 기제들은 거의 무작위 로 선택되었다.

수립. 그 첫 번째 기제인 '수립'부터 시작해 보자. 그 어느 기제보다도 출발하기 좋은 것이기 때문이다. 물론 치료자는 분명 환자와 좋은 작업 관계를 수립하며 라포rapport*를 형성 하고자 할 것이다. 그러나 라포를 형성하는 일은 형식적인 것 이 아니다. 환자의 관점에서는 매우 중요한 것이다. 궁극적으 로 (겁먹고 고립되어 자살하려는 사람과의) 라포는 그가 이 세상에 홀로 있지 않고 완전히 버림받은 것이 아님을 의미해 주는 것 일 수도 있다.

심리치료에서 라포보다 더 강렬하고 강력한 관계가 있다. '전이'라고 불리는 것이 그것인데, 특히 긍정적 전이는 다른 사람에 대한 신뢰와 따뜻함과 온화한 기대감으로 전환하는 것 또는 그런 느낌들의 흐름을 의미한다. 전이의 대상이 되는 사람은 대개 권위 있는 사람인 경우가 많다. 가령 의사나 교 사(심지어는 어떤 종파의 교주)일 수 있다. 온화해 보이지만 능숙

---

* 심리상담학에서 쓰는 용어로, 상담사와 내담자가 서로 감정과 생각 을 잘 이해하고 소통하는 가운데 조화롭게 신뢰하는 관계를 의미한다.

하게 행동하는 의사에게 응급실에서 당신은 "여기요, 저를 좀 돌봐주세요"라고 말을 건넨다. 또는 의욕을 불러일으켜 주는 교사에게 "가르쳐주세요. 제가 무엇을 해야 할지 말해주세요"라고 말할 것이다. 치료자에게는 "덜 불행해지도록 도와주세요. 저를 돌봐주세요"라고 말한다.

나에 대한 에릴의 거의 즉각적인 긍정적 전이, 즉 강의가 끝나고 나서 내게 다가오게 한 그녀의 욕구와 특별히 나를 위해 내밀한 내용의 테이프를 만들려는 열성은 모두 중요하게 주목되어야 한다. 그녀와 심리치료의 기회가 한 번이라도 있었더라면 그 테이프들은 확실히 그녀에게 유익하게 사용되었을 수도 있었을 것이다. 그러한 치료 상황이었다면, 그녀가 치료자에 대한 자신의 반응에 미묘하게 숨겨진 의미를 검토함으로써 죽은 친부와 복잡하게 꼬인 걱정스러운 관계를 다루었을 수도(그리고 그 관계를 나아지게 했을 수도) 있었을 것이다. 어쩌면 이 과정은 그녀가 치료에서 말했던 것뿐 아니라 '실제' 세상에서 현실적·비현실적으로 투사하고 상상했던 것에도 적용될 수 있었을 것이다. 그리고 나서 그녀가 이런 발상들을 치료실이라는 특정 현실과 실생활의 관계 안에서 모두 시험해 보는 기회가 주어졌을지도 모른다.

베아트리체에게는 전이가 바로 문제다. 말하자면 그녀는 평생 어떤 어른도 정말 신뢰할 수 없었다. 만일 그녀와 치료 회기가 있었더라면, 그 치료자는 겨우 미지근한 신뢰만 그녀가 보여도 긍정적인 것으로 받아들여야 했으리라고 예상할 수 있다. 그리고 불신과 슬쩍 드러나는 비판에서 노출되는 그녀의 부정적인 전이에 집중해야 했을 것이다. 다음은 그녀와의 면담에서 발췌한 것이다.

베센 의심할 여지 없이 사춘기부터는 제 속도를 확실히 늦췄어요. 제 삶은 비교적 지루해요. 그런데 그게 안전하지 않다는 걸 알아요. 그건 마취제나 붙잡아 줄 사람 없이 수술받고 있는 거나 마찬가지예요. 저는 극한적인 상황에서 살 때만 편하거든요.

저자 그것을 바꾸고 싶니?

베센 예, 물론이요. 왜냐하면 극한 상황에서 사는 건 위태롭다는 걸 알았거든요.

저자 신나는 일이나 극적인 사건에 끌리는 일 그 자체에 대한 욕구가 있는 것 같아. 그렇지 않은 일은 아주 지루해하는 것 같고. 버려졌다는 느낌 때문에 관심을 돌려버렸는데, 그 관심이 극한적인 것을 즐기는 것이고. 그게 너무 흥미로워서 버리질 못하고 있구나.

베센 글쎄요, 때로는요. 죽으면 가치가 사라지고 존재하지 않게 된다고 믿지 않아요. 에너지 형태는 변할지 몰라도 죽지는 않는다고 믿거든요. 그건 전혀 다른 큰 문제예요. 자살하려는 사람이 죽음에 관해 어떻게 생각하는지 고려해

보는 것은 재밌는 일이에요.

저자 자살은 생명을 던져버리는 방법 아닌가? 한 사람으로서 지녀온 온전함을 부인하는 방법이 아닐까?

베셴 그래서요?

저자 '그래서요?'라는 게 무슨 뜻이니?

베셴 음, 만일 정말 자살하기 원한다면, 평생 일한 것을 중요하게 생각할 것 같지 않아요. 만약에 말씀하시는 것이 선생님이 개인적으로 그것을 할 수 없는 이유가 주변 모든 사람을, 그리고 선생님 지위를 유지하기 위해서라면, 제가 생각하기에, 선생님이 진짜로 자살하려고 하는 자리에 있다면, 그런 걸 신경 쓰지 않을 것이라는 거죠. 실제로 사람들이 선생님을 더 진지하게 받아들일 수도 있을 거예요. 선생님이 자살 경향에 관해서 정말로 무언가 알았다고, 어떤 통찰을 가졌다고 여길 수도 있을 거예요.

저자 네가 사십대에도 여전히 그렇게 생각할까?

베셴 그런 식으로 계속 생각하면 저는 사십대 때까지 살고 있을 것 같지 않아요. 신경 쓰고 싶지 않은데….

　여기서 볼 수 있는 것은 베아트리체를 치료하는 일은 처음부터 그녀 마음에 내키지 않는 일이었으리라는 것이다.

　이제 우리의 세 번째 인물에게 가보자. 카스트로가 상실한 아버지를 평생 추구한 것은 그의 양가감정에 절절하게 반영되고, 나에 대한 주로 긍정적인 전이에 반영되어 있다. 그가 내게 가장 큰 존경을 나타낸 단어는 '친구'다. 무엇보다 그는 믿을 만한 손위 형제 같은 인물, 멘토를 찾고 싶어 했다. 그의 인생에서 그가 '아버지'라고 불렀던 사람이 과연 있었는가?

치료자의 관점에서 볼 때 긍정적 전이의 놀라운 점은 치료자가 전이를 얻을 필요가 있는 것이 아니라 환자가 그렇게 투사한다는 점이다. 그 치료자가 해야 할 일이란 환자가 계속 전이를 할 만하게 행동하는 것이다.

회피. 세 번째 기제인 회피는 많은 사례에서 중요하게 고려되어야 할 기제다. 나와 함께한 별도의 회기에서 패스노 박사는 우리가 살펴본 세 사람을 치료할 때 피해야 할 각기 다른 사항을 분명하게 해주었다. 에릴에 대해 패스노 박사가 제안한 것은 치료자가 그녀 가족을 비판하거나 그녀 어머니와의 어떤 갈등에도 끼어드는 것을 피하는 접근법을 사용하라는 것이었다. 그녀에게는 가족으로부터의 독립성이 주요한 목표가 아니었고, 치료 초기에는 더욱더 확실히 아니었다. 가족의 일원으로서 사랑받고 싶은 그녀의 욕구가 훨씬 더 중요했다. 화목한 사랑이 적절한 처방이었다.

베아트리체에게는 (입원을 조언할 수 있었다면) 그녀의 관리자가 되는 것 또는 그녀 인생에 한계를 설정해 주는 책임자가 되는 것을 피해야 했다. 치료자에 의해 악화될 정도로까지는 아니었지만 그녀는 치료에 충분히 반작용적으로 대응했다.

카스트로에 관한 한, 그의 동성애 주제는 그가 그것을 터놓고 먼저 말할 때까지(그리고 그렇게 하지 않는 한) 피해야 한다. 그가 언급했던 사람들과 맺은 관계의 정확한 성적인 성격에 대해 질문해서는 안 된다. 그가 무엇을 말하든지(또는 쓰든지) 그가 주체이고 주제도 정한다. 그는 의사소통을 하는 데 열의를 보였기 때문에 모든 주제를 하나씩 꺼낼 것이다. 치료자는 그를 압박하는 듯 보이는 일을 피해야 한다. 치료자의 과제는 카스트로와 **친밀**한 관계를 맺는 것이다. 같은 편에 서는 것이고, 그를 협박하지 않으며, 그가 받아들일 준비가 되지 않은 어떤 발상도 주입하지 않는 것이다. 일반적으로 말하자면, 환자가 자기 속도를 잡도록 내버려 두는 것이 최선인데, 특히 금기시된 주제에 대해서는 그렇다.

지각. 이 말은 무슨 뜻일까? 내가 생각하기에 치료자는 에릴의 애정과 인정의 욕구를 지각해야 한다. 허위 승인이 아니라 진정한 수용이 있어야 한다. 치료자는 에릴을 향한 긍정적 '역전이'를 적당히 조금 가지고 있어야 한다. 그녀를 좋아하고 진정으로 도와주길 원하는 한편으로, 그녀의 심리적 욕구를 계속 염두에 둬야 한다.

물론 에릴의 문제는 다른 식으로 개념화할 수도 있다. 만약 그녀가 (분신하기 전) 일반 정신과를 환자로서 찾았더라면, 미국정신의학회의 '정신장애의 진단 및 통계 편람'에 따라 진단받고, 제3자 지급 치료비 혜택을 받을 수도 있었을 것이다.

그랬더라면 내인성 우울증, (관심과 사랑을 비현실적이고 소모적으로 요구하는) 경계선 성격장애, 미성숙한 반응, 자기애적 성격장애와 같은 진단을 받았을 가능성이 크다. 이러한 진단에 따라 약을 처방받았을 것이다(그리고 그것이 도움이 될 수도 있었을 것이다). 일반적으로 이렇게 일이 처리된다.

약을 처방받는다 할지라도 치료자가 다뤄야 할 다른 사안들은 여전히 남아 있다. 저변에 깔려 있는 심리적 고통도 다뤄야 할 뿐 아니라 프로작 같은 우울증 약 등을 복용한 후에도 여전히 남아 있을 욕구들을 다뤄야 할 것이다. 그 사람이 일단 숲을 나오면, 다시 말해 자신이나 다른 사람을 다치게 할 위험이 사라지면, 치료자는 그 환자와 대화를 주도하면서 발전시켜야 한다. 그래서 사면초가에 몰린 환자의 정신적 풍경을 치료자와 환자 모두 알 수 있게 되는데, 치료자마다 접근방식이 다르다는 것은 인정된다. 나는 자살하려는 사람들을 이해하는 데 심리적 욕구를 살피는 것이 최우선임을 확신하게 되었다. 따라서 내가 할 일은 이 욕구들이 에릴의 성품을, 또는 그 어느 누구의 성품이든, 어떻게 형성시킬 수 있는지를 발견하기 위해서 그 환자와 관계를 수립하는 것이다. 약물치료와 심리치료는 병행할 수 있다. 정신과 관련 기관이나 병동에 상담실이 함께 있어서 자살하려는 마음을 품은 사람이 방문해 평가받고 치료받으며 동시에 심리적 고통과 괴로움을 위로받을 수 있다면 이상적일 것이다.

나는 정신건강시설(그리고 그곳에 속한 의료진)과 치료자의 주된 역할이 일반적으로, 일단 자기파괴적 충동이 있는 사람을 보호해야 할 분명한 필요가 보장된 후에는, 그의 심리적 고통을 측정하고 평가하는 것이라고 굳게 믿는다. 왜냐하면 그 고통은 좌절된 심리적 욕구와 관련이 있기 때문이다. 그리고 난 다음의 역할은 아노딘anodynes(진통제)처럼 행동하는 것이다. 진통제는 물질이지만, 고통을 풀어주는 사람일 수도 있다. 치료자의 주된 역할은 진통제가 되는 것이다. 고통을 줄여주는 것이다. 에릴에게든 다른 누구에게든 그래야 한다. 그리고 우리는 이 역할을 수행하는 데 도움이 되는 것이라면 무엇이든 지각하려고(또한 사용하려고) 노력할 것이다.

베아트리체에 대한 우리의 견해는 당연하게도 에릴에 대한 견해와 다소 다르다. 그녀와 함께한다면 우리는 그녀 일생에서 그녀의 가족이 계속 수행하고 있는 역할을 지각하게 될 것이다. 베아트리체는 어릴 때 부모에 대해 맹렬히 싸우고 싶은 느낌을 받았기 때문에 이로 인해 한 가지 결정에 꽂혀 있었음이 틀림없다. 또는 부모의 호전성을 본받은 것일 수도 있다. 어쨌든 그녀는 자신만의 성채를 짓는 것이 대단히 중요하다고 믿었던 것이 틀림없다. 비록 그 왕국의 깃발이 때로는 패배로 뒤집혀졌어도 말이다. 청소년기에 (첫 번째 자살 시도 후) 입원했을 때 그녀는 (그 병원에서) 경계선 성격장애, 식이장애, 강박장애를 진단받았다. 의심할 여지 없이 충분히 정확한 진단이지만, 부모의 이혼에 의해 커지고 악화되었던 좌절된 심리적 욕구는 반영되지 않았다.

베아트리체의 상황에는 의존우울증anaclitic depression 같은 의학 전문용어가 붙는다. 의존성이란 기댄다는 의미다. 아직 의존할 수밖에 없는 아이와 청소년은 버림받고 의존했던 사람이 멀어질 때 곤경에 빠지고 우울증으로 '떨어진다'. 이것이 베아트리체에게 일어났던 일처럼 보인다. 그러나 또한 일어났던 일은 그녀가 반격했다는 사실이다. 그 전쟁은 대부분 그녀 자신의 정신과 신체 안에서 일어났지만 말이다.

좌절된 베아트리체의 반작용적 욕구는 다른 사람이 자기를 버리기 전에 자기가 먼저 떠나려는 욕구로서, 그녀는 그 욕구가 엄청나게 고통스러웠던 탓에 때로는 자기 몸을 공격하는 것으로 대처하려고 했다. 그녀의 거식증과 자살 시도가 그런 공격이었다. 이 문제는 그녀가 기본적인 신뢰 관계를 형성하기 어려워한다는 사실을 예시해 준다. 그녀와 (심리 테스트를 하는 등) 작업 관계를 수립하는 것이 사실 내게는 쉽고 편안한 일이었을 테지만, 지속적인 긍정적 전이를 만들어내는 것은 그녀의 뿌리 깊은 성향을 거슬러 올라가는 오르막길이었을 수도 있다.

베아트리체가 세련되고 예의 바르며 남과 잘 어울릴 사람으로 보일 수 있다. 하지만 이것이 그 문제의 요지인데, 그녀는 스스로 남을 믿지도 사랑하지도 않도록 자신을 훈련했다.

그녀는 **애인이** 사랑을 고백하고 지속적인 관계를 맺고 싶다고 고백한 후에 그와 함께 살 수 있을까? 그녀의 세계는 그녀를 위해 옆에 있어주지 않는 사람들로 채워져 있다. 이것은 심리적 핵심인물이 부재한 것이다. 누구라도 자기에게 접근하려는 사람을 모두 차단하면, 결국 혼잣말을 하며 고아처럼 느끼는 것으로 끝나버릴 수도 있다.

카스트로에게서는 총상 이후로 그가 고형 음식을 먹지 못했고 계속 체중과 체구가 줄었다는 사실에 비춰 그의 정신건강 상태를 치료자나 친구가 지각해야 할 필요가 있었다. 마지막 몇 년 동안에 그는 완전히 지친 인상이었고 점점 더 약해진다는 느낌을 주었다. 그것은 총상 이후 첫 몇 년 동안에는 전혀 내비친 적이 없던 느낌이었다. 이렇게 약물치료 말고도 치료자가 지각하고 관심을 둬야 할 것이, 그리고 관찰해야 할 것이 많다.

이의. 자살하려는 사람에게는 동의하지 말아야 할까? 환자에게 동의해 주지 않는 것은 위험하기도 하고 염려되는 일이지만, 환자와 기본적으로 약간 다른 의견은 심리치료에서 근본적이기도 하다(의견 차이가 말다툼이나 논쟁을 의미하지는 않는다). 자살하려는 사람에게는 기본적으로 언제나 누구든 동의하지 않는다. "왜 안 그러겠어요, 맞아요, 당신이 자살을 해야 한다는 것에 동의해요"라고 말할 사람은 없다. 그 반대로 그 사람이 자신의 자살 의도를 말하면서 그 자리에 있다는 사실은 그가 충분히 양가감정을 가지고 있고 그래서 살 방법을 찾고 싶은 부분, 그 중요한 부분이 그에게 있기 때문임을 우리는 인정한다. 그래서 이의는 하나의 기제이고, 치료에서 핵심적인 자리를 차지한다.

패스노 박사가 이 주제에 관해 제안한 것들이 있다. 패스노 박사는 에릴이 아버지를 발견하기 전에 자기가 아버지의 죽음을 상상했다고 하는 진술에 대해 동의하지 않았을 것이라고 했다. 그녀가 말한 것(죽은 아버지를 보기 전에 아버지의 죽음을 알았다는 것)은 아마도 후향적으로 변경된 거짓 기억으로, 그녀의 염려나 뉘우침, 아버지의 자살에 대한 죄책감이 반영된 것이기 때문이다. 그 치료의 병행 목표는 아버지의 자살에 대한 그녀의 죄책감을 누그러뜨리는 것이 되어야 한다. 아버지의 자살은 아마도 아버지 자신의 개인적인 좌절과 고통에 의한 것이라고 할 수 있기 때문이다.

베아트리체에 대해서라면, 그녀가 자신의 인간관계에 관한 최악의 시나리오를 쓰려고 주장하는 것에 대해, 그다음에는 그 최악의 패턴을 진짜로 만들어버리는 것에 대해 동의하지 않는 것이다. 만일 그녀가 치료를 받았다면 치료자는 어떻게 그녀가 관계를 형성하는지, 그 과정을 어떻게 미묘하게 끌고 가서 결국은 부정적인 결과를 낳게 하고, 자신의 의혹이 맞았다고 확인하는지를 세세하고 주의 깊게 살펴보았을 것이다. 어쩌면 그녀가 그런 패턴으로 살아가던 방식에 대해 어느 정도 섬세한 조율이 이루어질 여지가 있었을 것이다.

카스트로의 사례에서, 물론 나는 그와 실제로 상호작용할 기회가 있었고, 실제로 때때로 그에게 동의하지 않았다. 그럴 때는 일종의 지적 토론 같은 모양새가 되었다. 한 가지 예로, 그가 어떻게 관계를 던져버리는지, 특히 연애 관계를 저버리는지를 그에게 지적해 준 것을 들 수 있는데, 이때 나는 전쟁 용어를 사용했다. 그를 전쟁 중인 장군이라고 일컬었다. 그가 상상하는 방식이 전투적이었기 때문이다(그것이 그가 시저에게 매력을 느낀 이유다). 머릿속에 떠올랐던 것은 드니 드 루즈몽의 자극적이지만 늘 신뢰할 만하지는 않은 책 『서구의 사랑』이었다. 특히 사랑과 전쟁에 관한 장이 떠올랐다. 그래서 나는 대학 도서관에서 그 책을 구했고 카스트로와 그것에 대해 토론해 볼 생각이었다. 하지만 그가 보존수술을 위해 수백 마일 떨어진 대학병원에 비교적 자주 왔는데도(그때가 내가 그를 볼 수 있는 시간이었다) 그에게 다른 더 중요한 일들이 생기는 바람에 적당한 시간이 주어지지 않았다. 우리의 그 나머지 상호작용은 편지로 이루어졌고, 그가 발화 장애로 말을 제대로 소리 내서 할 수 없는 상황을 고려해 전화 통화는 아주 가끔 이루어졌다.

조율. 과연 이런 사람들을 위해 우리가 조율할 수 있는 것이 있을까? 자살하고 싶은 환자들에 대해 특히 내가 생각하는 것은, 치료자의 과제 중 중요한 부분이 '고충처리위원(옴부즈

맨)'의 역할을 하는 것이다. 여기서 고충처리위원이란 환자를 위해 실제적인 일들을 하는 사람, 이를테면 대신 처리해 주면서 삶의 짐스러운 세세한 부분의 일부를 도와주는 사람을 의미한다. 이것은 치료자에게 전혀 새로울 것 없는 일이다. 내가 여기서 덧붙이려는 유일한 특이점은 치료자의 이러한 확대 실천이 환자의 욕구와 일치해야 한다는 것이다. 패스노 박사의 논평은 이 접근법에 완벽하게 들어맞는다. 에릴에게는 어머니와 이야기할 하루 저녁이 조율되고, 가능하면 에릴과 어머니를 함께 만나는 상담 회기가 조율될 필요가 있었다. 베아트리체에게는 치료자가 상담 회기들을 건너뛰어야 할 때 (또는 휴가 기간)이 있었다면 특별히 사전에 잘 조정하고 그녀에게 치료자의 여행 일정과 전화번호를 알려주는 것을 확실히 해야 한다. 어떤 부재도 신중하게 처리해야 한다. 카스트로와의 관계에서는 무엇보다 사회복지서비스의 후속 조치를 조율해 주어야 한다. 그리고 오디오북을 구하기 위해 관련 협회와 연락하거나 그의 지역 공동체 내 대학과 연락할 필요도 있다.

주의. 무엇을 주의해야 할까? 치료에서는 '경계'가 주의라는 게임의 이름이다. 치료자라면 자살을 함축하는 암호 같은 말("나는 이렇게는 살 수 없어요")에서 그 환자의 치명성이 증가하고 있지 않은지 늘 주의해야 한다. 그리고 그에게 직접 물어보는 것을 주저하지 말아야 한다. 치료가 진행되는 동안에는 에릴에게 그녀를 불쌍하게 느낀다는 인상을 주지 않도록 주의할 수도 있다. 그녀의 품위를 해칠 수도 있는 어떤 것도 피해야 한다. 같은 맥락에서 우리는 베아트리체가 거식증에 관해 현재 유행하는 설명을 믿지 않도록 주의해야 한다. 가령어른에 의한 어릴 적 성적 학대에 대한 기억이 상기되면 그로인해 거식증이 생길 수 있다는 설명 같은 것 말이다. 그리고카스트로에 대해서는 그가 또 다른 성관계 파트너가 생긴다해도 절대로 얻지 못할 관계를 재현하는 경향에 대해 주의할필요가 있다(그리고 그런 경향을 그가 인식할 수 있도록 계속 시도할필요가 있다).

읽는 행위는 그 자체로서 특별한 경험이자 정신적인 경험이며 심지어는 영적 경험일 수 있다. 이 책에서 언급한 사람들에 관해 읽고 생각해 보면서 당신은 동시에 자신에 관해 생각해 볼 수도 있고, 당신이 마음을 기울이는 사람에 관해 생각해 볼 수도 있다. 에릴, 베아트리체, 카스트로에 관해 생각하면서 당신 자신(또는 친척이나 친구나 지인)을 그들 상황에 놓아보기를 바란다. 또는 만일 당신이 자살해 버린 누군가를 알고 지낸 적이 있다면, 그를 압박하는 심리적 욕구가 무엇이었을지 지금 생각해 볼 수도 있다. 당신은 앞서 살펴본 '욕구 양식'을 어떻게 작성하겠는가(어떤 가중치를 부여할 것인가)? 당신이 걱정하는 사람을 위해서 24가지 기제에 대해 어떤 내용을작성하겠는가? 또는 자신을 위해서라면? 그리고 만일 당신 자신이 자살을 생각하는 상황이 생긴다면, 당신은 친구나 치료자에게 도와달라고 어떻게 접근할 수 있겠는가?

이 책의 목적은 이러한 문제들에 관해 생각하도록 자극하는 것이다. 나는 독자들이 이 기제들과 욕구들을 가지고 자신이나 자신이 아는 사람들과의 공통점을 검토해 보며 이 성찰의 모험에서 무엇이 나올지 보기를 권한다. 우리는 각기 유일무이한 존재이기 때문에 자신만의 악마, 자신만의 두려움에 대처해야 한다. 그래야 그 조건들 아래서 우리는 우리의 날들을 살아갈 수 있다. 자신에 관해 이성적으로 얻을 수 있는 가능한 한 많은 지식으로 무장하는 것은 언제나 유익하다.

9장

마지막 생각과 성찰

자살 행위란 멀리 움직이는 것이기도 하고 뭔가를 향해서 움직이는 것이기도 하다. 사람은 심리적 고통인 정신통에서 벗어나고 싶어 한다. 그리고 그가 추구하고 향하려는 것은 평화다. 자살에서는 이 두 목표가 하나로 합쳐진다. 고통에서 벗어난다고 여기는 것이 안도감이다. 그것이 평화가 정의되는 방식이다. 견딜 수 없는 고통이 평화로 변한다. 고통이 사라진다. 최소한 이것이 자살하려는 사람이 생각하고 바라는 것이다.

자살하려는 사람에게 의식 없음이란 고요한 침묵의 상태, 아무것도 없음, 전적으로 완성된 망각이다. 단순히 문제가 처리되는 것뿐 아니라 더 이상 문제가 없는 것이다. 그리고 훨씬 더 좋게 느껴지는 것은 문제의 가능성 또는 어떤 다른 것의 가능성을 의식하지 않게 된다는 것이다.

자살은 '모든 것에서 벗어나려는' 노력이다. 궁극적인 탈출이다. 현대 프랑스 사회과학자인 장 베클레르Jean Baechler는 그의 책, 『자살Suicides』에서 '현실도피적 자살'을 중심으로 논의한다. "도주하는 자살은 그 주체가 견딜 수 없다고 느끼는 상황으로부터 자기 목숨을 취함으로써 도피하는 것이다."[25] 자살 행위는 퇴장이자 고통스러운 삶으로부터의 떠남이다. (견딜 수 없는 부정적 감정의) 불 속에 있다면 이 '출구'를 이용하라고 자살 행위는 말한다.

'지옥'에서도 그렇다. 강제수용소에 갇힌 어떤 이는 수용소에서 자기 생각을 다음과 같이 썼다. "나는 교수형을 당한 사람들을 보면 그들이 알게 된 평화가 샘난다." 지옥에 대해 말하자면, 대체로 지옥이라는 생각은 보통 때라면 자살로 이어지지 않는다. 이와 달리 애통함의 고통으로 인한 자살은 약간 존재한다. 그렇게 자살하는 사람은 사랑하는 이와 사별한 사람이 천국이나 다른 어떤 평화로운 안식처에서 다시 만나게 된다는 발상을 품고 있다. 그러나 수많은 유서를 읽어보면서 분명해진 것은, 대부분의 자살이 실망스럽게도 세속적이라는 점이다. 목적(또는 관심)은 어디로 **가는 것**이 아니라, **멀어지는 것**이다. 그 목표는 견딜 수 없는 의식의 흐름을 멈추는 것이다. 사후나 영원으로 계속 있는 것이 아니다. '도피'는 한 고문실에서 다른 고문실로 피하려는 것이 아니다. 자살에서 목표는 의식 없음이라는 평안을 이루는 것이다.

자살을 치료하는 임상의 문제는, 즉 잠재적인 구조자가 숙제처럼 붙잡고 씨름해야 하는 어려운 문제는, 자살하려는 사람에게 도피와 평화라는 목표가 묘한 매력이 있다는 사실이다. 만일 그렇지 않다면 자살하려고 하지 않을 것이다. 삶을 연장해 가는 것이란 자연히 의무와 고통에도 삶의 일부를 나눠줘야 하는 부담을 지는 일이라는 것은 누구든 인정하고 다룰 수밖에 없는 일이다.

젊은 시절 처음 토마스 만의 작품을 읽고 나서 나는 삶과 죽음의 균형추를 포착한 그의 천재성에 늘 경탄해 왔다. 그 핵심 구절은 그의 첫 번째 소설, 그가 고작 스물다섯 살밖에 안 되었을 때 썼던 『부덴브로크가의 사람들』에 실린 것이다.

티푸스에 걸리면 다음과 같은 과정을 거친다.

열이 최고조로 오를 때 생명이 그 환자를 부른다. 그가 먼 꿈속을 헤맬 때 그를 큰 소리로 부르며 아주 또렷한 목소리로 부른다. 그 가혹하고 고압적인 부름은 그림자와 서늘함과 평화로 가는 먼 길에 있는 그 영혼에 닿는다. 그는 생명의 부름, 그 또렷하고 새롭고 조롱하는 듯 부르는 소환을 듣는다. 그 소리는 그가 이미 뒤에 남기고 멀리 떠났던, 그래서 잊어버렸던 아득한 장면으로 되돌아가라는 부름이다. 어쩌면 그 내면에서 방치했던 의무로 인한 수치심 같은 것이 솟아오를 수도 있다. 힘과 용기와 소망이 되살아남을 느낄 수도 있다. 어쩌면 그가 뒤에 남기고 떠났다고 생각했던, 휘몰아치고 다채롭고 냉엄한 실존과 자기 자신 사이에 여전히 존재하는 결속을 인정할 수도 있다. 그러고 나면, 그가 그의 먼 길에서 얼마나 멀리까지 방황했든지 간에 되돌아올 것이고 살 것이다. 그러나 만일 그가 생명의 소리를 듣고 몸서리친다면, 만일 그 사라졌던 장면의 기억과 건장한 소환 소리가 그의 머리를 흔들게 만든다면, 그리고 그 소리를 막고자 손을 뻗치고 그에게 열린 탈출구를 향해 날아간다면, 그러면 그 환자의 죽음은 자명하다.[26]

이것은 내면에서 자살 논쟁을 벌일 때 어떻게 그 끔직한 일이 실제로 이루어지는지를 완벽하게 묘사해 준다.

심리적 고통은 사라진다. 하지만 치명적으로 중대한 것은 그 개인이 고통을 견딜 마음이 없다는 것이다. 한 사람을 그 사람으로 만드는 더 큰 특징, 정체감, 특히 그 사람의 이상적 자아와 이상적 정체성에 대한 감각, 이것이 결정적으로 중요하다. 달리 말하면, 그 사람이 자신을 사적으로 내밀하게 실제 어떤 방식으로 보는지가 아주 중요하다. 여기에 내 동료인 로버트 리트먼의 말을 인용한다. "인간이 자살하는 것은 그가 자신의 고통을 받아들일 수 없기 때문이고, 그 고통이 그의 자아 인식과 개인적 이상과 맞지 않기 때문이다. 그래서 내가 볼 때 만성적인 자살 시도자에 대한 장기 치료에는, 자신의 자아 개념을 바꾸도록 도움으로써 자신의 고통이 자기만의 유일한 고통이지만 다른 사람의 고통과 철저히 다른 것은 아님을 인정하는 법을 배울 수 있게 하는 일이 포함되어야 한다. 그리고 그들의 개성이 기본적으로 다른 사람과 상당히 비슷하다는 것을 배울 수 있게 하는 것이다."[27]

일부 자살 생각이 없는 사람들은 자기가 다른 사람들과 별로 다를 것이 없다고 여긴다. 하지만 자살하려는 사람들 중에는 자신의 고통이 다소 특별하고 남의 고통이나 괴로움보다 더 심하다고 느끼며, 그것을 어떤 특별한 방식으로 부풀려 견딜 수 없는 것으로 만들어버리는 경우가 많다. 이는 그들이 다른 사람과 연락을 끊고 자기 자신하고만 이야기하기 때문이다. 그들은 자기 고통과 죽음이 유일무이하다고 생각한다. 그들은 자신의 장례식과 애도하는 사람들을 상상한다. 자신이 적어도 잠시 동안은 사후에 잊히지 않고 기억되며 다른 사람들의 마음속에 살아 있는 것을 상상한다.

죽는 일은 살면서 애써 할 필요가 없는 일이며, 어쩌면 할 필요가 없는 유일한 일일 것이다. 충분히 오래 살다 보면 자연스레 이루어지는 일이다. 그리고 죽는 일은 할 수밖에 없는 유일한 일이기도 하다. 죽음에 **만약**은 없다. 죽는 일에 대한 유일한 질문은 언제, 어디서, 어떻게다. 자살에는 시간, 장소, 방법이 명명된다. 자살은 당사자가 사망진단서 항목 대부분에 대한 정보를 스스로 제공하는 유일한 죽음이다. 자살은 문학 작품에서 자살한 귀족 출신 주인공 모두, 그리고 모든 토머스 채터턴*들, 모든 루돌프 대공**들, 모든 실비아 플라스***들에게는 외로운 행동이고, 절망적이며 거의 모두 그럴 필요가 없었던 행동이다. 우리는 대부분 자살에 관해 생각해 본 적이 있다. 자살은 가장 높은 계층으로부터 가장 낮은 계층에 이르는 모든 사회계층, 모든 인종, 남녀 모두, 모든 연령대에 각각 특별한 의무를 가지고 영향을 미친다.

거의 모든 사람이 삶에 큰 의무를 안고 있지만, 피할 수 **없는** 유일한 **의무**가 한 가지 있는데, 그것은 바로 죽는 일이다. 인정하건대, 잘 죽는 일이란 실행하기 가장 어려운 일이다. 자살로 죽는 것은 제때보다 먼저 죽는 것이다. 그것이 박수를 받은 적은 거의 없다. 웅장한 오페라에서는 예외가 있을 수도 있지만 말이다. 군왕이나 영주의 요구에 따른 '명예 자살 courtly suicide'이라는 가능성을 제외하고는 예외가 없다. 그리고

---

* 토머스 채터턴Thoma Chatterton(1752~1770)은 18세기 영국의 천재 시인으로, 빈곤한 삶을 견디지 못해 17세에 자살했다.

** 루돌프 대공(1858~1889)은 19세기 오스트리아의 황태자로, 본인의 의사와 다른 정략적 결혼을 한 이후 내연 관계에 있던 마리 폰 베체라 남작부인과 동반 자살을 했다.

*** 실비아 플라스Sylvia Plath(1932~1963)는 미국의 시인으로, 당대 최고 시인으로 불리던 테드 휴즈와 결혼했지만, 휴즈의 외도로 이별한 뒤 심한 우울증을 겪다가 31세에 자살했다.

자살 명령이란 오늘날 거의 볼 수 없는 자살 유형이다. 제2차 세계대전에서 독일의 대원수 에르빈 롬멜은 히틀러로부터 자살 명령을 받았다. 그러나 여기서 그 책임은 제정신이 아니었던 히틀러에게 있다.

이상하게도 대조적으로 그 당시 우리와 전쟁한 적군의 다른 지도자가, 아마도 지난 세기 역사에 기록된 것 중 가장 충격적이라 할 만한 자살 **예방** 칙서를 만들었다. 1945년 8월 14일, 일본의 히로히토 천황은 전례 없이 라디오 방송을 통해 그의 충성스러운 백성에게 항복할 것을 명령하면서(그 전까지 그의 백성 중 거의 누구도 그의 목소리를 들어본 적이 없었다), 자살에 관한 주요한 두 가지 해결책을 언급했다. 그것은 미래에 대한 감각과 미래의 핵심 조건을 다시 정의하는 일이었다. 그는 그 조건에 대해, 참을 수 없고 받아들일 수 없으며 견딜 수 없고 인내할 수 없는 것으로 다양하게 정의했다. 그리고 그는 훌륭한 선견을 가지고 자기 민족이자 가족인 백성 모두에게 명령했다.

시운이 흘러가는바 다가올 만세萬世를 위한 태평한 세상을 열기 위해, 참을 수 없는 것을, 참고 견딜 수 없는 것을 견디며 가고자 한다.[28]

그는 백성에게 살아갈 것을 주문했다.

삶을 견디기를 선택하는 것은 때로는 세상에서 가장 어려운 일이다. 그러나 늙어서 자연히 죽는 것처럼 선택의 여지가 없을 때조차 잘 죽는 것은 인생에서 가장 도전이 되는 어려운 일 중 하나에 속한다. 품위 있고 당당하며 바른 태도로 죽는 것, 아니면 특히 겁을 먹고 고통 속에 있을 때도 죽음학에서 가르치는 대로 행하는 것은 인생의 왕관이 될 수 있다. 물론 신체적 고통은 치료받을 수 있고 치료되어야 하지만, 심리적 고통에는 모르핀 같은 간편한 진통제가 없다. 심리적 고통의 진통제가 효과를 보려면, 그 진통제와 동시에 우리 자신을 바꾸지 않으면 안 된다. 자연스럽게 죽는 것은 시간이 흐르면서 우리 대부분에게 일어나는 일이지만, '잘' 죽는 것, 즉 자신의 사멸성을 받아들이면서 죽음을 서두르지 않는 것은 삶에서 가장 어려운 행위일 수도 있다.

오토 랭크Otto Rank[29]가 말한 "의무적인 것들을 수행하려는" 일은 바꿀 수 없는 대자연의 순환을 받아들이는 것이다. 특히 인간이 자연의 일부임을 받아들이고, (어떤 실존적 목적이나 삶의 의미가 있다고 믿든 안 믿든, 생명 너머로 영적인 확장이 있다고 믿든 안 믿든 간에) 그 어느 누구든, 절대로 어느 누구든 유한하며 죽는다는 사실을 피할 수 없음을 이해하는 것이다. 또한 이런 냉엄한 사실을 알고, 그것을 받아들이며, 그것을 **원하고**, 그것에 대해 불필요하게 불안해하거나 공포에 휩싸이거나 반항하는 상태에 있지 않는 것은, 비범하며 많은 면에서 진정으로 용기와 우아한 인간적 위업일 수 있다.

이 책이 제기하는 견해는 자살이 심리적 고통에서 유래한다는 것, 그 고통은 개개인의 좌절된 특정한 욕구에서 나온다는 것, 그러나 다른 한편으로 자살하려는 사람은 좌절된 욕구의 견딜 수 없는 고통을 피하려는 욕망이나 충동을 틀림없이 가지고 있다는 것이다. 그러면 자살하려는 마음이 종양처럼 퍼지게 하는 '심리적 토양'은 무엇일까? 정신통이 핵심적 역할을 한다는 것은 이해할 수 있지만, 자살하려는 마음으로 반응하게 하는 원인이 무엇인지는 여전히 짐작만 할 수 있을 뿐이다. 그렇게 반응하는 편향성은 유아기에 형성되는 것일까, 아니면 성인기에 처음으로 생겨날까? 우리는 자살을 둘러싼 직접적인 심리적 환경을 대략 알지만, 자살과 연관된 심리적 고통을 견디는 일에 대한 문턱을 낮출 그 '근원'의 불가사의에 대해서는 답하기가 쉽지 않다.

나는 아동기가 좋았든 나빴든, 또는 부모의 돌봄과 사랑을 잘 받았든 못 받았든 상관없이, 자신이 직면한 비통함과 상실의 즉각적인 고통을 견딜 수 없는 성인에게 자살이 일어날 수 있다고 전적으로 믿는다. 그러나 나는 그러한 성인기의 공격을 견디지 못하게 하는 토양이나 뿌리가 오히려 유아기에 형성된 성격의 가장 깊은 곳에 자리 잡고 있다는 견해를 고수하는 편이다. 이러한 가설은 이 책에서 소개한 세 명의 임상 사례를 통해 잘 그려진다.

우리가 만난 세 명의 사람들, 에릴, 베아트리체, 카스트로는 각각 그들이 아동기에 불행했다고 보고한다. '불행' 그리고 '아동기'라는 말은 어느 인생에든 들어 있는 핵심적인 두 단어다. 자살은 결코 행복에서 유래하지 않는다. 자살은 행복의 황량한 부재 때문에 일어난다. 20세기, 특히 20세기 후반에 와서는 행복을 그저 고통의 부재와 위로를 주는 물질이 있는 상태, 가령 좋은 음식, 좋은 포도주, 값비싼 옷이 있는 상태와 동일시하는 경향이 있다. 다른 식으로 표현해 보자면, 불행이란 자신이 깨닫지 못한 채 아동기에 상실했던 기쁨을 반영한다. 특히 유아기는 성인의 현실적인 규칙과 실제적인 일에 의해 제약받지 않은 채 우리가 낙관적으로 우리 자신에게 일어났으면 하는 일과 우리와 부모 사이에 일어났으면 하는 일에 관해 환상을 가질 수 있는 때다. 은밀한 내면의 협약이 체결되고 그것을 음미할 수 있다. 이러한 환상은 마법 같고 특별한 행복과 황홀함과 상당한 충만함을 주는데, 그것은 기본적으로 온화한 아동기에만 할 수 있는 경험이다.

그런 것이 기준이다. 그것에 못 미치는 것은 고통이다. 그리고 한번 상실했거나 또는 이전에 결코 경험해 보지 못했던 단 한 번의 상실이나 한 차례의 짧은 경험은 깊은 타격을 가하고 어떤 것으로도 치유할 수 없는 상처를 남긴다. 주름이 하나 생기기도 전에 늙었다거나 힘들다고 느낀다. 멜빌이 말했듯이, 낙원의 공기도 그 상처들을 없애지는 못한다.[30] 아동기를 몽땅 강탈당하는 것은 불가능하지만, 일어난 일이 마치 나쁜 일처럼 보일 수는 있다. 누구든 엉망으로 훼손된 아동기가 있을 수 있다. 어쩌면 자살한 모든 사람은, 그것이 몇 살 때였든지, 훼손된 아동기의 희생자였고, 그 사춘기 이전 아이가 심리적으로 괴롭힘을 당하거나 쫓겨났으며, 그 아이에게 중요한 심리적 욕구들이 악의적이거나 둔감한 어른들에게 짓밟히고 좌절되었을 수 있다. 나는 자살로 몰아가는 고통이란 성인기의 평온이나 행복의 갑작스러운 상실보다는 주로 아동기의 특별한 기쁨의 상실과 관련이 있다고 생각한다.

부모, 친척, 친구, 의사, 치료자, 돕는 이들, 선한 사마리아인,* 그리고 심지어 책까지도 모든 사람의 인생에서 맡은 역할을 한다는 사실은 명확하다. 우리는 다른 사람의 도움 없이는 인생을 헤쳐나갈 수 없다. 그러나 유아기 이후 삶의 대부분은 스스로 감당할 수밖에 없다. 심지어 최고의 치료를 받을지라도 환자의 역할이 전체 치료 과정의 성공에 결정적으로 중요하다고 단언해도 틀린 말은 아니다. 그런데 그런 환자의 역할은 치료를 '스스로 하지 말라'는 부분에 있다. 이러한 정신으로 나는 독자들이 (이 책 전체에 걸쳐 함축되어 있듯이) 자신

---

* 기독교 성경에서 예수가 진정한 이웃에 관해 비유할 때 등장하는 인물로, 당시 사마리아인은 유대인에게 멸시받는 종족이었는데, 예수의 비유에는 강도를 만나 쓰러져 있는 유대인을 돕는 유일한 인물로 한 사마리아인이 나온다.

의 욕구들을 숙고하고, 그 지속되는 욕구들과 스스로 어떻게 대화하고 있는지를 검토하며, 이 책에서 제시한 개념적 도구들을 가지고 그러한 내적 성찰로 얻은 통찰로부터 흘러나올 수 있는 자조력을 일으켜 보기를 바란다.

우리 각자 스스로 계속 살아가는 데 아주 중요한 역할을 해야 한다고 방금 단언해 놓고는, 인생에는 결정적으로 중요한 어떤 일들을 혼자 할 수 없을 때가 있고 그럴 때 타인의 도움을 구하는 것이 현명한 일이라고 이제 와서 내가 말하는 것이 서로 모순되는 것은 아니다. 이 책의 주제 중 하나는 우리가 자기파괴적 충동을 생명을 구하는 자기 지식으로 돌려놓고자 노력할 때 우리 자신의 자살 성향과 사고, 충동을 이해하기 위해 할 수 있는 것이 많다는 것이다. 그런데 우리가 스스로 할 수 있는 것의 큰 부분은, 필요할 때 적절한 전문적 지원을 받는 것이다. 이는 곧 어떤 위기는 우리가 혼자서는 효과적으로 다룰 수 없다는 것을 인정하는 것이다.

기분 좋은 사실은 수천 명이 심리학자, 정신과 의사, 의사, 자살 예방 종사자 등의 개입으로 도움을 받아 생명을 구했다는 것이다. 자살 그리고 그것의 명백히 심각한 결과에 대해, 자살 예방이라는 생명 연장의 성과를 현실적으로 바랄 수 있는 여지가 크지 않다고 믿는다면, 슬프게도 이 책을 잘못 읽은 것이다.

이 책에서 내가 제안한 바는, 상황에 대한 우리의 지각을 바꾸고, 견딜 수 없는 것이 무엇인지 재정의함으로써 자살을 예방할 수 있다는 것이다. 사물을 다르게 볼 수 있는 방법이 있음을 지각하고, 불가능한 것들을 재정의하며, 견딜 수 없는 것을 견디고, 소화하기 어려운 수치나 죄책감 덩어리는 그냥 삼켜버림으로써 예방할 수 있다. 베아트리체 베센을 구했던 것은 그녀의 자발성이다. 비록 꺼리기는 했지만, 부모에 대한 지각을 고쳐보고 자기 인생에서 부모가 하는 역할을 다시 생각할 가능성을 고려해 보기로 마음먹은 것이 그녀를 구했다.

이곳 미국에는 어린 시절부터 전적으로 복종하라고 배우거나 모든 명령에 주저 없이 복종해야만 했던 태양신 황제나 폭군 독재자가 한 번도 존재하지 않았다. 우리 각자 자기 자신의 군주다. 살아 있는 한, 우리 민주시민은 멜빌이 말했듯이 "내 안에 여왕 같은 인격이 살고, 왕족의 권리를 느낀다"라고 말할 수 있다. 여기서 우리가 말하고 있는 것은 우리의 양심과 자아, 그리고 자기가 참고 견딜 심리적 고통의 양에 대한 우리 각자의 견해다. 그것이 우리의 독립적인 개성이고 우리는 그 목소리를 따라간다. 그리고 만일, 상황의 흐름 안에서, 그 목소리가 우리에게 죽으라고 명령한다면, 우리는 그럴 수밖에 없다. 우리의 자율적인 부분이 "나는 그럴 필요 없어"라고 대답할 의지와 에너지를 불러 모을 수 없는 한, 아니면 다른 누군가, 친구나 지인이 우리의 손을 억누르고 끌어서 도와주려고 하지 않는 한 말이다.

모든 자살 하나하나에서 발견되는 것은, 마음이 독재자나 황제처럼 행동하는 행위가 자살이라는 사실이다. 모든 자살 사례에서 자살자들은 자신의 마음 한구석, 내면의 위원회에서 자신의 장기적 이익을 위해 봉사할 위치에 있지 않은 위원들이 일시적 공황 상태에 빠져서 건네는 나쁜 충고를 듣는다. 그럼 이제는 당신 자신의 황제와 같은 머리 밖으로 손을 뻗어 더 많은 자격이 있고 신중한 다른 목소리들에게서 조언을 구할 시간이다. 그 목소리들은 당신의 더 큰 사회적 자아에 대한 충성심을 가지고 생명의 편에서 조언을 해줄 것이며, 일본식 이미지를 사용한다면, 칼이 아니라 국화를 권할 것이다.

이 모든 것은 내가 오랫동안 지켜온 굳은 신념과 일치한다. 자살은 내면의 소란, 그리고 죽음을 탈출구로 보는 발상, 이 둘 모두와 관련이 있다. 그러나 마음이 일시적으로 동요하는 동안에는 자살이라는 돌이킬 수 없는 일을 하지 않는 것이 현명하다. 당신 마음이 소란하고 생각이 위축될 때 해야 할 일은 자살이 아니다. 다음의 짧은 경구 또는 격언 하나가 생명을 살리는 진리를 포착한다. "자살하려는 생각이 들 때는 절대로 자신을 죽이지 마라." 만일 굳이 생각해야겠다면 마음이 원하는 만큼 실컷 자살에 관해 생각해도 된다. 그리고 자살 생각이, 즉 당신이 자살을 할 수도 있다는 가능성이 그 어두운 밤 내내 당신을 이끌도록 내버려 두라. 밤이면 밤마다, 날이면 날마다, 자기파괴의 생각이 제 갈 길로 갈 때까지. 그러고 나면 당신 자신의 좌절된 욕구에 대한 신선한 견해가 당신 마음에서 더 명확하게 초점을 드러낼 것이며, 그래서 당신은 마침내 당신의 자연스러운 생명의 그 현실적인 측면을, 그것이 얼마나 지독한 것이든지 간에, 추구할 수 있게 될 것이다.

본문의 주

1장

1 Ronald Melzack and Joel Katz, "The MaGil Pain Questionaire: Appraisal and Current Status," In D. C. Turk and R. Melzack (eds.), *Handbook of Pain Assessment* (New York: Guilford Press, 1992), p.156.

2 Eric Cassell, *The Nature of Suffering and the Goals of Medicine* (New York: Oxford University Press, 1991).

3 Davis B. Morris, *The Culture of Pain* (Berkley and Los Angeles: University of California Press, 1991).

4 William James, *The Varieties of Religious Experience* (New York: Longmans, Green & Co., 1902), p.501.

5 William James, *Principles of Psychology* (New York: Henry Colt & Co.. 1890).

6 Aldous Huxley, *Eyeless in Gaza* (New York: Harper & Bros., 1936), p.365.

7 Donald O. Hebb, *The Organization of Behavior* (New York: John Wiley and Sons, 1949).

8 Henry A. Murray, *Explorations in Personality* (New York: Oxford University Press, 1938).

2장

9 Henry A. Murray, *Explorations in Personality* (New York: Oxford University Press, 1938), p.181.

10 Forrest Robinson, *Love's Story Told: A Life of Henry A. Murray* (Cambridge, MA: Harvard University Press, 1992).

3장

11 William Styron, "An Interior Pain That Is All but Indescribable," *Newsweek*, April 18(1994), p.52.

12 A. Alvarez, *The Savage God: A Study of Suicide* (New York: Random House, 1972).

13 Boris Pasternak, *I Remember: Sketch for an Autobiography* (New York: Pantheon, 1959).

14 Karl A. Menninger, *Man Against Himself* (New York: Harcourt, Brace & Co., 1938).

15 Henry A. Muray, "Dead to the World: The Passions of Herman Melville," In E. Schneidman (ed.), *Endeavors in Psychology: Selections from the Personology of Henry A. Murray* (New York: Harper & Row, 1981).

4장

16 Henry A. Murray, *Explorations in Personality* (New York: Oxford University, 1938), pp.195~197.

17 Henry A. Murray, *Thematic Apperception Test-Manual*, Cambridge (MA: President and Fellows of Harvard College, 1943).

18 Elder Olson, "Directions to the Armorer," *New Yorker*, November 14(1959).

5장

19 Lewis M. Terman, *Genetic Studies of Genius*, Vol.1 (Stanford: Stanford University Press, 1925). 터먼, 오든, 시어스, 해스토프 등이 터먼 영재 연구의 후속 연구를 몇 차례 진행했다.

20 Edwin Schneidman, Perturbation and Lethality as Precursors of Suicide in a Gifted Group, *Life-Threatening Behavior*, Vol.1(1971), pp.23~45.

6장

21 Herman Melville, *Moby-Dick* (New York: Harper & Bros., 1891), Chapter 27: "… 떨어진 대륙에서 스스로 살아가는 고립된 사람Isolato 각자 …"

22 Henry A. Murray, *Explorations in Personality* (New York: Oxford University, 1938), pp.173~177.

23 Denis De Rougemont, *Love in the Western World* (New York: Harcourt, Brace & Co., 1940).

7장

24 Edwin Shneidman, *Definition of Suicide* (New York: John Wiley & Sons., 1985).

9장

25 Jean Baechler, *Suicides* (New York: basic Books, 1979), p.66.

26 Thomas Mann, *Buddenbrooks* (New York: Alfred A. Knopf, 1952) (원래는 1901년에 출판됨), Part XI, Chapter 3.

27 1995년 5월 13일 로버트 리트먼(Robert E. Litman)과의 개인적인 대화.

28 Harold A. Hanson, John G. Herndon, and William G. Langsdorf (eds.), *Fighting for Freedom: Historic Documents* (Philadelphia: John C. Winston Co., 1947), p.358.

29 Otto Rank, *Art and the Artist* (New York: Alfred A. Knopf, 1932).

30 Herman Melville, *Redburn* (New York: Harper & Bros., 1849), Chapter II. 기분이 오르내리는 것에 시달린 멜빌이 한탄하면서 자신의 심리에 대한 통찰을 스물아홉 나이에 이렇게 표현했다. "그때 이 세상은 내게 춥고, 12월처럼 매섭게 춥고 12월의 바람처럼 음산해 보였다. 낙담한 소년 같은 염세가는 없다. 그것이 나였다. 따뜻한 영혼을 지녔으나 역경에 두들겨 맞은 나였다. … 중년의 쓰라림을, 그리고 사후를 말하지 마라. 소년이라도 그 모든 것을 느낄 수 있다. 그리고 훨씬 더 많이 느낀다, 그 어린 혼에 곰팡이가 내려앉을 때는. 그리고 그 과일

이 남에게는 다 익어서 바람에 떨어졌을지라도 그에게는 첫 꽃송이와 싹에서 꺾인 것이거니와. 이런 엉망진창이 다시는 결코 좋아질 수 없으리. 너무 깊게 공격했기에, 그래서 남긴 이 상처의 흔적은 낙원의 공기로도 지울 수 없으니."

추천도서

목록은 짧을수록 영향력이 더 크다. 자살에 관한 수많은 책이 있음을 가정하고서, 내 머릿속을 훑어보고 내 손에 들린 이런저런 책들을 검토한 다음, 아주 특별한 두 권의 책을 골랐다.

1. 조지 콜트George Howe Colt 지음, 『자살의 불가사의The Enigma of Suicide』(New York: Summit Books, 1991).

하버드에서 공부한 언론인이 쓴 이 무거운 책은 자살하려는 사람, 시도했으나 살아남은 사람, 치료자 수백 명을 10년에 걸쳐 면담하고 쓴 매력적인 책이다. 자살이 무엇이고 자살 예방이 실제로 어떻게 실행되는지 그 이야기와 역사를 말해준다. '자살학'의 세계에 입문하는 일반 독자를 위해서 비전공자가 쓴 읽기 쉬우면서도 포괄적인 최고의 책이다.

2. 존 몰츠버거John T. Maltsberger, 마크 골드블랫Mark J. Goldblatt 엮음, 『자살에 관한 필수 논문Essential Papers on Suicide』(New York: New York University Press, 1996).

이 놀라운 책은 그때까지 출판된 자살에 관한 책 중 가장 포괄적인 '읽을거리'다. 특히 심리학적 측면에서 그렇다. 20

세기 초부터 이 책이 출판되던 시점에 이르기까지 심리학과 정신의학 문헌들로부터 선별한 전문적인 논문 40편이 담겨 있다. '고전이 된' 모든 논문이 여기에 있다. 전문적인 문헌을 검토하고 싶은 연구자라면 '반드시' 참조해야 할 책이다.

이와 더불어, 쉽게 구할 수 있고 아주 잘 쓴 자살 사례 관련 책 네 권을 소개한다.

1. 미국: 케이트 쇼핀의 『각성The Awakening』(1899).* 에드나가 바다로 걸어 들어감으로써 자살한다.
2. 프랑스: 플로베르의 『보바리 부인』(1856). 엠마가 독약을 삼킴으로써 자살한다.
3. 독일: 괴테의 『젊은 베르테르의 슬픔』(1774). 베르테르가 권총으로 자살한다.
4. 러시아: 톨스토이의 『안나 카레니나』(1878). 안나가 달리는 기차에 몸을 던져 자살한다.

이 책들을 읽으면 누구라도 자살에 관해 많은 것을 알게 될 것이다.

---

* 한국에서는 『외로운 영혼의 이름』(1981), 『이브가 깨어날 때』(1991, 2002), 『각성』(2010, 2016)이라는 제목으로 번역·소개된 바 있다.

부록 1. 심리적 고통 조사표[*]

이름 <u>베아트리체</u>

성별 <u>여</u> 나이 <u>20</u> 기록일 <u>_____</u>

심리적 고통의 정의: 심리적 고통이란 육체적·신체적 고통과는 **다릅니다.** 그것은 당신이 한 사람으로서 어떻게 느끼는지, 당신 마음에서 어떻게 느끼는지를 의미합니다. 한 인간으로서 얼마나 많이 아픈지를 말해줍니다. 그것은 정신의 괴로움입니다. 정신의 고뇌입니다. 이것을 '정신통'이라고도 부릅니다. 정신통이란 마음 상함, 번민, 쓰라림, 아픔, 비참함이 마음에 있음을 말합니다. 이것은 죄책감, 수치심, 외로움, 상실감, 슬픔, 또는 늙어가는 것이나 힘들게 죽어가는 것에 대한 공포 등을 과도하게 느끼는 고통입니다. 그러한 통증이 느껴진다면 통증이 내면에 실재하는 것은 부인할 수 없는 사실이 됩니다.

이 조사의 목적은 당신의 도움을 받아 심리적 고통의 본질

---

[*] Copyright ⓒ 1993, Edwin S. Shneidman.
환자나 내담자를 대상으로 이 조사서를 이용하고자 한다면 옥스퍼드 대학교 출판부에 연락해 허락을 구할 수 있다. 자기 자신이나 가족 또는 친구를 위해 몇 장 복사하는 것은 허용된다.

에 대한 새로운 통찰을 개발하고 그것을 측정해 보려는 것입니다.

우선 지금 당신의 정신통이 어떠한지, 이번 주에 어떻게 느끼고 있는지 등급을 매겨보기 바랍니다. 1은 가장 적은 심리적 고통이고, 9는 가장 높은 심리적 고통을 나타냅니다. 그 사이의 숫자 하나에 표시하면 됩니다.

1   2   ③   4   5   6   7   8   9

정신통의 한 가지 예: 정신통은 전 세계에 걸쳐 시시각각 발생합니다. 다음 삽화를 읽어보시기 바랍니다.

장소: 나치 강제수용소 / 때: 1940년

그녀와 두 어린 아들은 그때까지 어찌어찌 살아남을 수 있었다. 그러던 어느 날 막사 바깥에 아주 사악한 나치 친위대 장교가 은색 해골 휘장이 붙은 군모를 쓰고 갑자기 그녀를 붙잡아 잔인하게 바닥으로 밀쳤다. 그러고 나서 그는 그녀의 두 아들을 낚아챘다. 네 살과 여섯 살짜리를 붙잡은 그 손은 엄청나게 컸다. 아이들은 울면서 부르짖었다. 그들의 눈은 말 못 할 공포에 사로잡혀 휘둥그레졌다. "엄마! 엄마!"

"내가 어느 놈을 죽일지 골라봐, 이년아." 그가 말했다.

"그게 무슨 말이에요? 제 아이들이에요. 제 생명이란 말입니다! 못 합니다." 그녀는 비명을 질렀다.

"셋 셀 때까지 선택해 빨리! 아니면 둘 다 죽일 거야." 그가 말했다.

장교는 한 손으로 두 아이를 붙잡고 땅에 눕힌 채 다른 한 손으로는 권총을 꺼내 들었다. 그리고 숫자를 세기 시작했다. "하나, 둘…"

"여기, 얘요." 그녀가 비명을 질렀다.

총의 폭발음이 그녀 귀를 울렸다.

그리고 그녀는 기절했다.

이 사람의 심리적 고통(정신통)을 가장 작은 1과 가장 높다고 상상할 수 있는 9 사이에서 등급을 매겨 표시해 보십시오.

1	2	3	4	5	6	7	8	⑨

이제 당신 인생에서 경험했던 모든 정신적 고통 중 가장 심했던 것을 생각해 보십시오. 앞에서 읽은 그 끔찍한 사건을 (일종의 참고 기준으로) 염두에 두고, 당신 인생 중 최악의 정신통의 등급을 매겨보십시오.

1	2	3	4	5	6	7	⑧	9

다음 사항 중 해당하는 것에 표시해 보십시오.

____ 내 최악의 고통은 그녀의 것과 같은 부류라고 말할 수 없다.

____ 그것은 그녀가 묘사한 것에 전혀 가깝지 않다.

✓ 그것은 그녀가 묘사하는 것만큼 나쁘지는 않다.

____ 그것은 그렇게 나쁘지 않으며, 그녀가 묘사한 것보다 어둡지 않다.

____ 그것은 그녀가 묘사한 것만큼 나쁘다.

____ 그것은 그녀가 묘사한 것보다 더 나쁘다.

나의 심리적 고통은 주로 다음과 같은 것에 대한 내 느낌과 관련된다. (세 가지를 골라보십시오.)

(✓) 버려짐　　( ) 두려움　　( ) 무기력

( ) 분노　　　 ( ) 비탄함　　( ) 거부

( ) 번민　　　 (✓) 무력함　 ( ) 슬픔

( ) 불안초조　 ( ) 희망 없음　(✓) 자기혐오

( ) 혼란　　　 ( ) 공포　　　( ) 수치

( ) 절망　　　 ( ) 부적응　　( ) 겁먹음

( ) 공허　　　 ( ) 질투　　　( ) 무가치함

( ) 실패　　　 ( ) 외로움　　( ) 기타_____

나의 심리적인 최악의 고통은 다음의 나의 욕구와 관련된다.* (세 가지를 골라보십시오.)

( ) 어려운 목표 달성하기

( ) 사랑받기

( ) 소속되거나 친밀해지기

( ) 반대를 극복하기

( ) 사회적 제한에서 자유로워지기

( ) 과거의 실책을 만회하기

( ) 타인으로부터 나를 방어하기

( ) 타인에게 영향을 미치고 통제하기

( ) 타인에게서 주목받기

( ) 고통이나 부상 피하기

( ) 수치나 모욕 피하기

( ) 나의 심리적 공간 보호하기

( ) 누군가를 양육하고 돌보기

( ) 사물이나 생각의 질서를 유지하기

( ) 감각적인 경험을 누리기

(✓) 돌봄을 받기

(✓) 어떻게 그런지, 왜 그런지 이해하기

(✓) 기타: _안전하기_

---

* Henry A. Murray, *Explorations in Personality* (New York: Oxford University Press, 1938)에서 재구성한 것임.

당신에게 가장 강력한 심리적 고통은 무엇이었는지, 전후 사정과 사건, 당신이 처했던 상황, 당신이 경험한 심리적 고통의 정확한 성격을 적어주시기 바랍니다.

열여섯 살 때 나는 말할 수 없을 정도로 큰 마음과 정신의 고통을 경험했습니다. 이런 심한 고통을 안고 살고 싶지는 않았습니다. 그것은 거대한 괴물이 나를 덮친 것 같은 느낌이었습니다. 그 고통은 나보다 컸습니다. 나는 아주 작았고 고통 속에 빠져서 죽어가고 있었습니다. 나는 이해하지 못했습니다. 미치는 것 같았고 고립되는 느낌이었습니다. 이런 고통 속에서 남은 생애를 보내는 걸 상상했고, 그걸 견딜 수 없었습니다. 이 괴로움 안에서 살기를 거부했습니다. 주변 사람들은 알아차리지 못했습니다. 모든 것은 그냥 제 갈 길을 가고 있었습니다. 세상은 멈추지 않았습니다. 아무도 어떤 일도 하지 않았습니다. 나는 어쩔 줄 몰랐습니다. 완전히 최면에 걸린 듯 그냥 살아가는 시늉만 할 수 있었습니다. 그렇게 살 수 있는 사람은 아무도 없을 겁니다. 자살은 안도감을 주었습니다.

그 고통에 관해 무엇을 했는지 써주시기 바랍니다. 자살에 관해 생각했습니까? 자살을 시도했습니까? 당신 인생에서 행한 어떤 행동들이 그 고통과 관계됩니까? 그 고통이 최종적으로 어떻게 해소되었습니까? 아니면 해소된 적은 있습니까? 그 고통에 관해 양적으로 평가해 볼 수 있습니까? 어떤 비유를 들어 그 고통을 묘사할 수 있겠습니까?

나는 나를 죽이려고 했습니다. 약을 먹었습니다. 몸을 찔렀습니다. 누군가에게 나를 찔러달라고 소리 질렀습니다. 손에 총을 쥐고 오랜 시간 앉아 있었습니다. 유서를 썼고, 나의 장례식을 상상했고, 몸을 칼로 그었고, 때렸고, 죽을 때까지 굶으려고 했고, 마지막으로 손목 동맥을 갈랐습니다. 생명의 피가 흘러나오는 것을 보고 아주 안심이 되었고 마침내 느긋해졌던 것이 기억납니다. 드디어 끝났구나.

부록 2. 머레이의 심리적 욕구 목록 발췌[*]

비하: 외부의 힘에 수동적으로 복종하려는/ 부상, 비난, 비판, 처벌을 수용하려는/ 항복하려는/ 운명을 체념하려는/ 열등함, 실수, 잘못, 패배를 인정하려는/ 고백하거나 속죄하려는/ 자신을 비난하거나 하찮게 보거나 훼손하려는/ 고통, 처벌, 질병, 불운을 쫓아가고 즐기려는 욕구

성취: 어려운 것을 성취하려는/ 물체, 인간, 발상을 완전히 다루거나 조작하거나 조직하려는/ 이것을 가능한 한 신속하게 독립적으로 하려는/ 장애물을 극복하고 기준을 높이려는/ 더 잘하려는/ 남과 경쟁해 이기려는/ 재능을 성공적으로 발휘해 자존감을 높이려는 욕구

친밀: 함께하는 사람(자기를 좋아하는 사람)과 가까워지거나 즐겁게 협동하려는/ 숭상하는 사람을 즐겁게 하고 그의 애정을 얻으려는/ 한 친구를 고수하고 충성을 유지하려는 욕구

공격: 반대를 극복하려는/ 상대방과 싸우거나 공격하거나 상처 입히려는/ 상대방에게 맹렬하게 맞서거나 상처 입히려는/ 업신여기고 질책하며 조롱하고 헐뜯으려는/ 화내고 격

---

[*] Henry A. Murray, *Explorations in Personality* (New York: Oxford University Press, 1938)에 소개된, 욕구에 관한 자세한 설명을 요약한 것이다.

분하며 전투적이며 적대적이고자 하는 욕구

자율: 자유로워지려는/ 제한을 떨쳐버리려는/ 사회적 제약을 끊으려는/ 강압과 억죔에 저항하려는/ 지배적 권위가 정한 행위를 피하거나 그만두려는/ 욕망에 따라 독립적으로 자유롭게 행동하려는/ 관습에 반항하려는 욕구

반작용: 다시 애씀으로써 통달하거나 실패를 만회하려는/ 조치를 재개함으로써 과거의 수치를 지우려는/ 약점을 극복하려는/ 두려움을 누르려는/ 행동으로써 창피함을 만회하려는/ 극복할 장애물과 어려움을 탐색하려는/ 자존심과 자부심을 높은 수준으로 유지하려는 욕구

비난 회피: 공격, 비판, 비난에 맞서 자신을 방어하려는/ 실수, 실패, 수치를 감추거나 정당화하려는/ 자아를 옹호하려는 욕구

공경: 우월한 사람을 숭상하고 지지하려는/ 다른 사람을 찬양하고 기리며 칭송하려는/ 동맹한 타자의 영향력에 열심히 따르려는/ 본보기를 모방하려는/ 관습에 맞추려는 욕구

지배: 자신의 인간 환경을 통제하려는/ 제안, 유혹, 설득, 또는 명령으로 타인의 행위에 영향을 미치거나 지휘하려는/ 만류하거나 억제하거나 금지하려는 욕구

과시: 인상을 심어주려는/ 남의 눈에 띄고 자기 말을 듣게 하려는/ 남들을 흥분시키거나, 놀라게 하거나, 매혹시키거나, 즐겁게 하거나, 충격을 주거나, 호기심을 불러일으키거나,

놀라움을 주거나, 유인하려는 욕구

손상 회피: 고통, 신체적 부상, 질병, 죽음을 피하려는/ 위험한 상황에서 벗어나려는/ 합리적인 사전 조치를 취하려는 욕구

불가침: 자기를 보호하려는/ 분리된 채 있으려는/ 자신의 심리적 영역을 공격하거나 침범해 들어오려는 타인의 시도에 저항하려는/ 거리나 분리를 유지하려는/ 비판에 감염되지 않고 고립되려는 욕구

양육: 다른 사람, 특히 약하거나(유아), 장애가 있거나, 지쳤거나, 병약하거나, 실패했거나, 외롭거나, 굴욕당했거나, 거부당했거나, 병들었거나, 정신적으로 혼란스러운 이에게 동정을 '주고' 그들의 욕구를 만족시키려고 하는/ 먹이고, 도와주고, 지지하고, 위로하고, 보호하고, 편안하게 해주고, 돌보고, 치유하려는/ 양육하려는 욕구

질서: 사물이나 생각에 질서를 잡으려는/ 조율하고, 조직하고, 균형을 잡고, 정돈하려는/ 외부세상의 물건이나 내면세계의 발상들 가운데서 신중하려는 욕구

놀이: 더 나아간 목적 없이 그저 '재미'를 위해 행동하려는/ 웃고 농담하려는/ 스트레스를 풀려는/ 자신을 위해 즐거운 활동에 참여하려는 욕구

거부: 부정적으로 보이는 사람으로부터 자신을 떼어내려는/ 열등한 사람을 배제하고, 버리고, 몰아내고, 무심함을 유지

하려는/ 남을 무시하고 차버리려는 욕구

감각성: 감각적인 경험을 추구하려는/ 입맛과 접촉과 기타 감각을 달래도록 만들어진 것에 중요한 자리를 내어주려는/ 좋은 음식, 포도주, 비단 이불, 비싼 옷 등을 즐기려는 욕구

수치 회피: 모욕과 당황스러움을 피하려는/ 남의 조롱이나 조소나 무관심의 대상이 되게 할 상황을 피하려는/ 실패가 두려워서 행동을 억제하려는 욕구

양육 의존: 지지, 도움, 사랑을 '받으려는'/ 다른 사람의 동정적인 조력을 받아 자신의 욕구를 만족시키려는/ 양육받고, 지지받고, 지탱되고, 보호되고, 사랑받고, 인도되고, 하고 싶은 대로 하도록 허용되고, 용서받고, 위로받고, 돌봄을 받으려는 욕구

이해: 질문하고 답하려는/ 추측하고, 공식화하고, 분석하고, 일반화하려는/ 일반적인 질문에 대한 답을 알려고 하는/ 이론화하려는/ 철학적으로 논하려는/ 호기심을 가지려는/ 알고자 하는 욕구

찾아보기

인물

용어

지은이

에드윈 슈나이드먼(Edwin S. Shneidman) 미국의 심리학자이며, 현대 자살학의 아버지로
불린다. 1918년 미국 펜실베이니아주에서 태어난 에드윈 슈나이드먼은 UCLA에서 심리학을
전공하고 서던캘리포니아대학에서 심리학 박사학위를 받았다. 이후 병원에 근무하면서 자살에
대해 관심을 갖게 되어 로버트 리트먼, 노먼 파버로와 함께 로스앤젤레스 자살예방센터를
설립해 24시간 상담 서비스를 운영했다. 1966년 미국 국립정신건강연구소(NIMH)의 요청으로
자살 예방 프로그램을 개발했으며, 1968년 미국자살학회를 조직하고, 1971년 자살학 분야의
전문 학술지인 《자살과 생명위협행동(Suicide and Life-Threatening Behavior)》을 창간했다.
1970년부터 UCLA의 교수로 일하기도 했던 그는 2009년 향년 91세로 생을 마쳤다.

에드윈 슈나이드먼은 심리부검, 정신통 등 새로운 개념을 제시하면서 현대 자살학의 이론적
토대를 세우는 데 크게 기여했으며, 자살 위험군에 대한 면담과 자살 예방 프로그램 등을 통해
임상 현장에서도 많은 업적을 남겼다.

주요 저서로는 『자살의 단서(Clues to Suicide)』(공저), 『자살의 정의(Definition of Suicide)』,
『정신통으로서의 자살(Suicide as Psychache)』, 『자살하려는 마음(The Suicidal Mind)』,
『에드윈 슈나이드먼 박사의 심리부검 인터뷰(Autopsy of a Suicidal Mind)』 등이 있다.

옮긴이

서청희 정신건강사회복지사, 숭실대학교 겸임교수, 나사렛대학교 협동교수
안병은 정신건강의학과전문의, 수원시자살예방센터장, 행복한우리동네의원장

한울아카데미 2195
자살하려는 마음

지은이 **에드윈 슈나이드먼** / 옮긴이 **서청희, 안병은**
펴낸이 **김종수** / 펴낸곳 **한울엠플러스(주)** / 편집 **최규선**
초판 1쇄 발행 **2019년 12월 23일** / 초판 3쇄 발행 **2020년 7월 31일**

주소 **10881 경기도 파주시 광인사길 153 한울시소빌딩 3층**
전화 **031-955-0655** / 팩스 **031-955-0656** / 홈페이지 **www.hanulmplus.kr**
등록번호 **제406-2015-000143호**

ISBN **978-89-460-6859-9 93300**

Printed in Korea.

* 책값은 겉표지에 표시되어 있습니다.